抖音账号
运营实践

黄颖芝 林富荣 著

清华大学出版社
北京

内 容 简 介

抖音是一个最受欢迎的短视频平台，拥有10亿用户，聚合了企业、网红、自媒体、普通用户。抖音已经形成了一个生态圈，用户使用抖音不仅可以解决衣、食、住、行的生活问题，还能解决吃、喝、玩、乐的娱乐问题。本书通过作者的亲身实践，教你认识抖音，教你打造一个百万粉丝抖音账号的方法，教你怎么保持粉丝量持续增长，教你盈利的方法。

本书共分21章，系统地讲解抖音思维 + 账号打造 + 粉丝运营 + 盈利方法 + 实践案例，帮助抖音运营新手从0到1轻松学习，最终成为一个百万粉丝的大V。本书介绍的内容都是作者亲身经历过的，作者是怎么学习的、怎么运营的、怎么盈利的，全部毫无保留，一一教给读者朋友们。

本书适合抖音从业初学者、抖音运营人员、抖音主播、自媒体从业人员、新媒体营销人员等，也适合高等院校或高职高专新媒体课程的学生作为实践教材。

本书封面贴有清华大学出版社防伪标签，无标签者不得销售。
版权所有，侵权必究。举报：010-62782989，beiqinquan@tup.tsinghua.edu.cn。

图书在版编目（CIP）数据

抖音账号运营实践/黄颖芝，林富荣著．—北京：清华大学出版社，2024.5
ISBN 978-7-302-66314-0

Ⅰ.①抖… Ⅱ.①黄… ②林… Ⅲ.①网络营销 Ⅳ.①F713.365.2

中国国家版本馆CIP数据核字（2024）第099952号

责任编辑：夏毓彦
封面设计：王 翔
责任校对：闫秀华
责任印制：杨 艳

出版发行：清华大学出版社
网　　址：https://www.tup.com.cn，https://www.wqxuetang.com
地　　址：北京清华大学学研大厦A座　　　邮　编：100084
社 总 机：010-83470000　　　　　　　　邮　购：010-62786544
投稿与读者服务：010-62776969，c-service@tup.tsinghua.edu.cn
质量反馈：010-62772015，zhiliang@tup.tsinghua.edu.cn

印 装 者：北京嘉实印刷有限公司
经　　销：全国新华书店
开　　本：190mm×260mm　　　印　张：12.5　　　字　数：337千字
版　　次：2024年6月第1版　　　　　　　　印　次：2024年6月第1次印刷
定　　价：108.00元

产品编号：106346-01

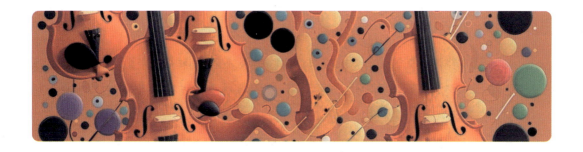

前 / 言

近年来，随着抖音短视频的热度不断攀升，抖音 App 的用户量越来越多，成为全球最热门的短视频平台。抖音 App 使用简单、操作方便，用户只需要上下滑动手机屏幕就可以观看各种视频，符合现代人快节奏的生活方式。

抖音短视频平台的宣传和互动方式吸引了众多用户的参与。影视明星、歌星、网红、知名主播得到了用户的关注和粉丝的追捧，使得短视频平台成为一个新的社交媒体、娱乐、购物和学习平台。

抖音短视频平台已经成为人们日常生活中不可缺少的手机应用程序。它的短视频内容非常丰富，各行各业都在参与创作，吸引了越来越多的粉丝和创作者，可以说是加强了创作者和粉丝的互联互动。

写 / 作 / 背 / 景

对于自媒体从业人员，抖音提供了广阔的发展空间和良好的创作环境。利用抖音的优势和特点，自媒体从业人员可以创作出更多优质的内容，吸引更多抖音用户关注和观看，也可以吸引广告商来投放广告，实现个人价值和商业价值的双重提升，同时还可以接触和认识更多的自媒体从业人员，共同研究和创作短视频内容，也可以与大家分享经验和工作流程，让用户观看到更多优质的短视频内容。

面对购物网站的挑战，很多实体店面临收入减少、利润降低甚至亏损经营的状况，因此，许多实体店开始学做互联网网店，拥有了线上和线下的店铺。如果企业不想花时间自己运营短视频账号，也可以了解运营和盈利的方法，寻找合适的大V合作，这样企业的产品将会更快地推向本地市场，甚至推向其他城市以及全国市场。

本书把作者真实运营一个百万粉丝账号的技巧分享给大家。一个没有百万粉丝的用户教你怎么打造百万粉丝，你学习了也很难打造出百万粉丝。相反，已经拥有百万粉丝的我们教你怎么打造百万粉丝，你学习了有很大概率能够打造出百万粉丝的账号。

也许你会觉得抖音运营很简单，来来去去讲的都是这些运营方法。但是，你要记住高端的食材，往往只需要最简单的烹饪。同理，对于抖音运营，不管你是小V还是大V，往往只需要最简单的运营方法。本书能够帮助大家更好地理解和掌握抖音短视频的规则、运营和盈利，为大家的抖音短视频创作和运营提供更多的方法，在实际运营中灵活运用这些知识，尽力成为拥有百万粉丝的大V。

希望本书能够帮助自媒体从业人员学会抖音运营，从而为社会提供更多的价值，帮助企业为社会提供更多的就业机会，培养出更多的知名主播。

本 / 书 / 特 / 色

（1）围绕抖音账户运营的核心能力，帮助大家掌握抖音的运营方法，并突出运营中的盈利手段。

（2）运营案例丰富，涵盖运营基础知识、6种平台运营方式、8种盈利方法和作者成功运营的两个大型实战案例。

（3）每种抖音运营方法都有图解和文字配合讲解，更容易让读者理解和掌握。

（4）每章都融入作者的运营实践，作者详细讲解曾经遇到的问题和实用的解决方法，帮助读者了解抖音运营的实用技巧。

（5）商业任务盈利实战案例，作者将自己亲身经历的星图广告的流程介绍得很详细，每一个案例的文案都有详细的讲解，让读者可以了解到抖音星图广告的整体流程，以及如何盈利。

读 / 者 / 对 / 象

本书适合广大抖音从业人员、短视频运营人员、企业账号代运营人员、MCN 企业培训人员、运营盈利人员、准备进驻抖音的企业和个人、新媒体从业人员、抖音培训机构的师生。

鸣 / 谢

感谢清华大学出版社的老师们，正是因为他们的辛勤工作，才有了本书的顺利出版。感谢抖音平台，感谢抖音的粉丝朋友们，感谢帮助过我们成长的企业。

本书的编写参考了诸多相关资料，在此对相关作者表示衷心的感谢。鉴于抖音运营和盈利模式众多，涉及的知识面比较广泛，而作者写作时间仓促，知识水平有限，本书中难免会有疏漏之处，欢迎读者批评指正。

黄颖芝于广州

2024 年 3 月

作 / 者 / 简 / 介

黄颖芝

资深媒体人。从博客时代就活跃于互联网，并拥有第一批粉丝，之后更是抓住互联网的风口，从微博转战到抖音，积累了多年的自媒体运营经验，熟悉抖音平台规则，抖音拥有 100 万 + 粉丝，微博拥有 50 万 + 粉丝。目前主要在抖音做信息流，运营汽车、美食、旅游领域的账号，主打垂直盈利。

在博客时代，以分享生活为主，作者累积到原始的第一批粉丝后，在网络小有名气，并参与当时最早的网络微电影拍摄，系列作品都破百万浏览量，比如《对面车站的女孩》《霸道总裁的野蛮女友》《爱情终结者》《相送·爱》《阿星来了》《80 后帅哥心中理想女友》。也参与了一些影视作品的拍摄，比如在《水果总动员》中饰演桃子，在《新扎师妹 4：美丽密令》中饰演童年吴君如。

在微博时代，作者抓住风口分享一系列平面模特的工作日常和电视台主持人日常，将广告融入生活。此时依靠图文广告盈利，赚到互联网第一桶金。

2020 年，看准了抖音视频盈利趋势，开始运营汽车类垂直账号。发布的第一条视频播放量达 150 万，一周内粉丝突破 7 万；两个月后开通星图盈利，抓住了互联网又一个新风口。之后两年时间账号破百万粉丝。

本书讲解的内容很多都是本人的亲身经历以及遇到过的问题，希望本书对有志于从事抖音运营的人员有所帮助。

林富荣

广东深圳人，深圳大学计算机科学与技术专业，学士。目前经营 Rysos 工作室，主要从事手工画作制作、互联网网站系统服务、产品摄影、书籍出版等劳务工作，积累了丰富的互联网、计算机、电子商务和金融知识，也是一名互联网、电子商务、运营管理、金融、商业领域的图书作家。

希望通过撰写本书，与读者分享抖音运营的方法和技巧，对有志于从事抖音运营的人员有所帮助。

本人创作的图书包括：《互联网产品经理实务全书》《APP 交互设计全流程图解》《移动互联后台系统运营与管理》《零基础学 Adobe XD 产品设计》《WordPress 电子商务运营从入门到实战》《新股民入门必备》《零基础学 MySQL 数据库管理》等。

本人参与或主导完成的软件产品包括：B2C 电商系统、C2C 团购系统、客户积分系统、短信收发系统、CRM 和 ERP 系统、OA 系统、员工薪酬系统、证券系统、物流系统、P2P 系统、信贷系统、理财系统、BLOG 系统、网站流量系统、论坛系统、FICO 财务系统、搜索引擎爬虫系统、短视频系统。

目 / 录

第1章 认识抖音 ... 1
1.1 抖音的发展历史 ... 1
1.2 什么是抖音 ... 2
1.3 抖音的功能 ... 3
1.4 新手拍摄短视频的工具 ... 4

第2章 尝试做抖音，遇上财富风口 ... 7
2.1 抖音平台帮助我们赚钱 ... 7
2.2 为什么去做抖音 ... 8
2.3 做抖音能不能成功 ... 11
2.4 用户每周使用抖音的时长 ... 12

第3章 学习抖音赚钱的方式和逻辑 ... 13
3.1 看抖音短视频，学习赚钱的方式 ... 13
3.2 赚钱逻辑：看抖音短视频，教你赚钱的逻辑 ... 14

第4章 账号定位，每个账号专注一个领域 ... 17
4.1 杂货店和品牌店 ... 17
4.2 账号定位需要专业 ... 19
4.3 选择热门的领域，还是选择冷门的领域 ... 22
4.4 观看百万大V视频，了解你能做和想做的同款短视频 ... 23
4.5 短视频商业化和娱乐化 ... 24
4.6 抖音两大粉丝巨头 ... 26

第5章 抖音账号的内容调研 ... 27
5.1 视频内容，热门有趣 ... 27
5.2 文案内容，简单易懂 ... 27
5.3 音乐内容，吸引注意 ... 28

5.4 封面内容，吸人眼球 ………………………………………… 29

5.5 了解推荐算法，增加曝光量 ………………………………… 31

第 6 章 坚持更新，力争成为几万粉丝的大 V ……………………… 33

6.1 制定计划，每天计划几件事情 ……………………………… 33

6.2 执行计划，每天完成几件事情 ……………………………… 34

6.3 坚持发布短视频，尽力获得粉丝 …………………………… 35

6.4 鼓励大家作出改变 …………………………………………… 37

6.5 把旧账号的粉丝引导至新账号 ……………………………… 38

第 7 章 了解短视频数据，查看分析结果 …………………………… 40

7.1 短视频作品的数据分析 ……………………………………… 40

7.2 哪些用户喜欢你的短视频 …………………………………… 42

第 8 章 吸引新粉丝，维护老粉丝 …………………………………… 44

8.1 粉丝互动，沟通与关怀 ……………………………………… 44

8.2 吸引新粉丝，多谈热点话题 ………………………………… 45

8.3 维护粉丝群体，小礼物活动 ………………………………… 47

8.4 付费涨粉丝，Dou+ 推广实现 ……………………………… 50

8.5 增加曝光率，多参加活动、多拍短视频、多做直播 ……… 51

8.6 签约 MCN 机构，培训、包装、推广、盈利 ……………… 55

第 9 章 直播盈利：粉丝小礼物打赏 ………………………………… 60

9.1 直播打赏，基础盈利 ………………………………………… 60

9.2 户外唱歌跳舞，引流实体市场 ……………………………… 63

9.3 美味美食直播，引流店铺 …………………………………… 65

9.4 游戏直播，引流游戏 ………………………………………… 67

9.5 直播带货，获得丰厚的利润 ………………………………… 69

9.6 4 种直播方式 ………………………………………………… 72

第 10 章 星图广告盈利：接广告单 …………………………………… 77

10.1 什么是巨量星图 …………………………………………… 77

10.2 抖音星图认证的要求 ……………………………………… 77

10.3 抖音巨量星图评估标准 79
 10.4 具备商业能力，有效推广产品 80
 10.5 广告商比较优质 80
 10.6 星图广告盈利 81

第 11 章 广告盈利：短视频植入广告 83

 11.1 间接广告，植入品牌方衣服 83
 11.2 直接广告，全程展示汽车产品 84

第 12 章 中视频广告盈利：视频创作 86

 12.1 加入抖音中视频计划，获得分成 86
 12.2 模仿热门视频，获得流量 87
 12.3 原创创意视频，获得机会 89

第 13 章 知识盈利：销售课程 91

 13.1 制作短视频课程 91
 13.2 短视频推广课程 93
 13.3 课程宣传和销售，知识盈利 94

第 14 章 全民任务盈利：推广与分享 96

 14.1 推广产品，获得分成 96
 14.2 适合新手，学习盈利 97
 14.3 全民任务，看播任务 98

第 15 章 Pick 广告盈利：做任务 102

 15.1 达人 Pick 计划 102
 15.2 抖音达人 Pick 计划盈利方式 103
 15.3 评级的等级，获得高分成 103

第 16 章 游戏发行人计划盈利：推广游戏 106

 16.1 游戏发行人计划 106
 16.2 了解游戏，学院学习 106
 16.3 游戏任务，学习盈利 108

第17章 【案例】成为百万粉丝大V的体会 109

17.1 抖音从零开始,坚持学习 109
17.2 每天坚持,视频越发越多 111
17.3 整改账号,一个账号只专注一个领域 112
17.4 坚持发布短视频,粉丝突然暴涨 113
17.5 合作共赢,互惠互利 113
17.6 广告商联系,星图盈利 115
17.7 依靠团队的力量 116

第18章 【案例】广州车展某品牌短视频任务 118

18.1 设置星图,提供短视频服务 118
18.2 接收星图商单 119
18.3 判断自己是否能够完成任务 119
18.4 文案的设计方法与实例 120
18.5 获取拍摄设备,背记文案 126
18.6 现场拍摄,沟通商家 127
18.7 剪映剪辑短视频:整合、美化和字幕 128
18.8 保存并导出短视频 151
18.9 发布抖音短视频 153
18.10 完成任务,拍照推广 153
18.11 整理项目计划与进度 155

第19章 【案例】广州车展某品牌汽车直播任务 156

19.1 查看商单,了解任务 156
19.2 预约时间,确认任务 157
19.3 向MCN机构要工作人员 157
19.4 机会是留给有准备的人的 158
19.5 做好现场直播准备 159
19.6 完成直播后,拍一些照片用来推广 160
19.7 加拍短视频,放在自己的账号上推广 161
19.8 项目总结,复盘学习 162

第 20 章　【案例】某餐厅十周年粉丝活动 ········· 163

20.1 确认活动信息，确定摄像师 ········· 163
20.2 到达现场，开始拍摄 ········· 163
20.3 第一次转场，拍摄签到处 ········· 166
20.4 第二次转场，拍摄活动现场 ········· 167
20.5 第三次转场，拍摄生日冰粉 ········· 168
20.6 第四次转场，拍摄烤鱼美食 ········· 169
20.7 第五次转场，拍摄小菜美食 ········· 170
20.8 第六次转场，拍摄娱乐活动 ········· 171
20.9 第七次转场，拍摄吃蛋糕并拍合照 ········· 172
20.10 第八次转场，结束活动 ········· 172

第 21 章　抖音 AI 图片 ········· 175

21.1 AI 龙年风格 ········· 175
21.2 AI 写实风格 ········· 179
21.3 沙漠风格欣赏 ········· 182
21.4 写实风格欣赏 ········· 183
21.5 港漫风格欣赏 ········· 185

第 1 章 认识抖音

1.1 抖音的发展历史

字节跳动是张一鸣和梁汝创办的一家中国科技公司，成立于 2012 年 3 月，是首批将人工智能应用于移动互联网场景的科技企业之一。

字节跳动开发了一系列流行的手机应用程序。字节跳动的软件产品包括抖音、今日头条、西瓜视频、抖音火山版、轻颜相机、Faceu 激萌、抖音极速版、今日头条极速版、番茄免费小说、多闪、火山极速版、剪映、皮皮虾、懂车帝、飞书等。也就是说抖音是字节跳动公司开发的一款短视频应用软件。

抖音 App 的发展历史：

2016 年 9 月，抖音平台正式上线，苹果端和安卓端都可以下载和安装。

2017 年 8 月，抖音平台推出了国际版抖音，名字叫 TikTok，进驻海外市场。

2017 年 10 月 31 日，抖音平台上线了直播功能，因为直播是一种已经被验证的盈利方式。

2018 年 3 月 19 日，抖音平台确定了新的口号"记录美好生活"，并且强调抖音作为一个平台，能够帮助用户分享和记录生活中的美好瞬间。

2018 年 3 月 30 日，"直达淘宝"功能上线，抖音上出现了关联淘宝的卖货链接，为抖音平台电商化打下了基础。

2018 年 5 月 8 日，2018 年第一季度，抖音在苹果 App Store 下载量达 4580 万次，超越 Facebook、YouTube、Instagram 等，成为全球下载量最高的苹果手机应用。

2018 年 7 月 16 日，抖音全球月活跃用户数量突破 5 亿。

2018 年 8 月 1 日，抖音国际版 TikTok 与 musical.ly 合并，新应用程序继承 TikTok 的名称。

2018 年 10 月，抖音国际版 TikTok 成为美国月度下载量和安装量最高的应用，TikTok 在美国已下载约 8000 万次，全球已下载近 8 亿次。

2019年12月，TikTok在AppStore和GooglePlay的下载量创下历史新高，达到5700万。截至2019年年底，TikTok全年下载总量超过5.08亿，同比增长55%，在全球的下载量超过7亿次，超过Facebook，成为全球第一。

2020年8月，TikTok开通创作者基金，是为回馈优质创作者而设立的，有播放量补贴。截至2020年8月，抖音日活跃用户超过6亿，并继续保持高速增长。

2020年10月，TikTok跟Shopify合作正式开启流量带货模式。

2021年3月，TikTok和沃尔玛第二次直播带货合作。

2021年3月，TikTok印尼小店全面上线。

2021年4月，TikTok美区DOU+功能上线。

2021年4月，英国小黄车正式全面上线，TikTok商业模式趋于成熟。

2022年世界杯，抖音提供全场次超高清直播体验。亿万球迷齐聚抖音，累计直播观看106亿人次，用户直播总互动13亿。

2023年1月，"新春直播季"连续30天每晚8点精彩不停播，为用户带来40余场各具特色的直播，还有各类新春活动。

2023年9月12日，抖音创作者大会，服务优质创作，共创美好生活。大会针对优质、经营、服务等方面开展交流，让好内容被看见、好作者有收益、好创作被激发。

1.2 什么是抖音

抖音是一款由字节跳动孵化、具有音乐创意的短视频社交软件。抖音是一个帮助用户表达自我，记录美好生活的短视频平台。截至2020年8月，抖音日活跃用户超过6亿，并继续保持高速增长。它允许你通过拍摄和上传短视频来分享自己的生活、学习、工作、才艺、新闻、人生观、有趣味的事情等，并与其他用户进行互动和交流。其他用户可以对你的视频进行点赞、留言、收藏、推荐、转发等操作。

抖音的算法会根据用户的兴趣、行为和社交关系等因素推荐相关的内容和用户，从而使得用户更容易找到和发现自己感兴趣的内容，结交志同道合的朋友。

抖音的内容涵盖各种类型，包括汽车、音乐、舞蹈、美食、旅行、时尚、搞笑、游戏、学习、娱乐等，用户可以通过添加音乐、特效、滤镜等效果来提升自己视频的质量和吸引力。

同时，抖音也提供了多种社交功能，例如评论、点赞、分享、@好友，使你可以方便地与其他用户进行互动和交流。

抖音的用户群体非常广泛，涵盖年轻人、中年人、老年人各个年龄段的人。在抖音上，你可以看到各种不同类型的内容和用户,从而了解到不同人的生活和文化。下班后,各种年龄段的人都可以看自己喜欢的短视频,减轻压力,学到各种各样的知识。

抖音平台撮合了短视频制作者和短视频观看者,获得了大量的流量和大量的注册用户。现在也允许商家进行产品推广、品牌推广,商家通过投放广告等方式来宣传自己的产品和服务,从而提高企业的品牌知名度和产品的销售量。

总而言之,抖音是一款非常流行的短视频社交软件,它以其独特的算法和丰富多彩的内容吸引了全球数亿用户的关注和喜爱。

1.3 抖音的功能

抖音在手机上安装完成后,会显示一个抖音的 App 应用,新年更新的版本是带有两个烟花的图案,如图 1-1 所示。

图 1-1

点击 App 应用,打开抖音应用的首页,如图 1-2 所示。顶部导航栏的内容包括更多、热点、直播、长视频、团购、经验、关注、商城、同城、推荐,如图 1-3 所示。底部功能栏的内容包括首页、朋友、+(指发布)、消息、我。

图 1-2

图 1-3

点击左上角的 图标,打开的菜单窗口如图 1-4 所示,其上包括扫一扫、最近使用、常用功能、生活动态等。从图中还可以看到,常用功能包括我的钱包、券包、小程序、观看历史、内容偏好、离线模式、设置等。生活动态包括直播广场、附近团购、活动中心、听抖音、放映厅、K 歌等，如图 1-5 所示。更详细的内容，读者可以在手机上安装抖音体验一下。

图 1-4　　　　　　　　　　　　图 1-5

1.4　新手拍摄短视频的工具

在抖音做短视频，可以将自己的美好生活分享给其他用户。我在广东分享的短视频，下一秒在北京、上海、新疆和西藏等地的朋友就能看到，用户可以互相了解各自的生活，远在十万八千里的短视频用户竟然也能成为朋友。

每一次发布短视频，每一次与全国各地的用户沟通，带给我一种高兴、期待、未知的感受。也许我发布的短视频，几天没有用户观看，几天没有用户评论，几天没有用户点赞，但是，突然有一天，这条短视频出现了几百个点赞、几百条评论，还是有一点成就感的。

那么新手拍摄抖音短视频需要什么工具呢？我们简单讲解一下。

1. 手机或者相机

现在的手机或者相机大多都支持高清视频，拍摄出来的视频画质清晰、漂亮。例如华为 P60、小米 14、iPhone 15、佳能 EOS R5 相机等，如图 1-6 ～图 1-9 所示。这是最近一两年上架的新产品，拍摄出来的视频画质都很好。

图 1-6

图 1-7

图 1-8

图 1-9

短视频拍摄新手使用自己现在用的手机即可，如果可以赚到钱，再购买一些高清设备。

2. 补光灯

拍摄时，补光灯可以对着产品或人物，以增强拍摄时的亮度，减少阴影，提升视频效果。补光灯通常由多个 LED 灯珠组成，可以调节亮度和色温，适用于不同的拍摄场景，价格在 200 元左右。补光灯未打开时如图 1-10 所示。补光灯打开后如图 1-11 所示。

图 1-10

图 1-11

3. 手机（或者相机）支架

拍摄时，不需要手持拍摄设备，只需要将设备放在支架上即可。手机支架非常适合直播用户，价格在 20 元左右。手机支架如图 1-12 所示。使用手机支架时如图 1-13 所示。

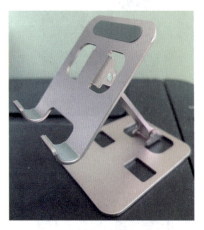
图 1-12

图 1-13

4. 其他设备

如果抖音短视频做到 1 万粉丝、10 万粉丝、50 万粉丝、100 万粉丝，就可以增加各种专业的设备。例如麦克风、三脚架、手持稳定器、专业录音设备、用于视频处理的高性能计算机等，读者可以到这些器材的官方网站看看。

第 2 章 尝试做抖音，遇上财富风口

2.1 抖音平台帮助我们赚钱

互联网企业大部分是营利性组织，如果企业不赚钱，那么企业就无法生存，员工也就没有就业机会，社会的经济就比较低迷。

平台运营的目的一是赚钱，二是服务于需求者和供给者。简而言之，平台运营模式就是商业活动，必须以赚钱为目的。

平台运营想要赚钱，那么就要好好运营平台，整理了以下几点：

(1) **流量**：要先使平台成为热门，大量的玩家过来使用平台，流量多了，平台才有机会。

(2) **销量**：将卖家的产品或服务推广给其他的平台用户，帮助卖家吸引更多潜在客户，并帮助卖家提高销售额。卖家卖得好，就会投广告到平台。

(3) **质量**：要想买家继续来购买产品和服务，买家必须体验过，觉得产品质量和服务都挺不错，才会介绍朋友，并且进行二次消费。

(4) **量化**：数据要进行量化，平台的后台功能必须能够统计各种数据。运营团队要根据真实的数据反映进行运营的调整和变化。

抖音平台已经拥有流量、销量、质量、量化，如图 2-1 所示。

抖音短视频平台撮合了整个字节跳动的所有应该软件，使得整个字节跳动的应用软件形成一个生态圈，完善了所有应用软件的相互交织、相互依存，形成了一个大型生态系统。抖音平台使得自己能够盈利生存，带领企业的其他软件也能够盈利生存。

抖音也能够帮助卖家快速卖货，快速解决资金流转的问题，使得卖家可以薄利多销，获得更多的利润。

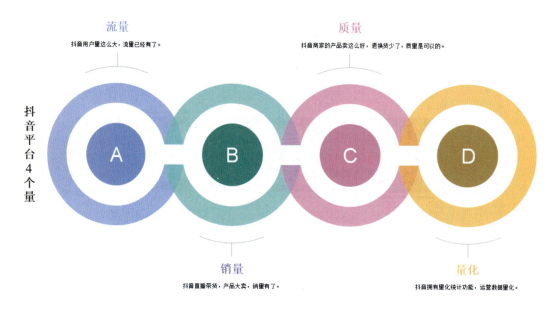

图 2-1

抖音还帮助了推广和带货的主播，使得勤奋的主播可以帮助卖家带更多货，推广卖家的产品给粉丝朋友认识和购买，主播也渐渐变成一个职业，带动了就业的机会。这个就业的机会不限地区，只要有一台能够上网的手机，就有机会成为一名职业主播。

抖音帮助了买家，买家可以用最低的价格获得性价比较好的产品。买家在购买产品的过程中，还可以与喜欢的主播互动。既能消费，又能分享生活上的好产品。

总而言之，抖音平台帮助了买家、卖家、企业、主播和字节跳动企业的其他软件产品。只有合作共赢，一起奋斗，才能有盈利，才能为社会提供更多的就业机会，提供更好的服务。

2.2 为什么去做抖音

有的朋友问我，为什么去做抖音了？

突然想起那吾克热演唱的一首歌《飘向北方》，它开始的旁白形容得很真实，说出了我们打工人的心声，说出了我为什么要去做抖音。这个旁白大意是：

我们背井离乡地工作，肩上扛着的行囊，装着对未来的梦想，我们去到一个陌生的城市工作。我们打工人都是来自远方，都做着普普通通的工作，在外漂泊时，遇上烦恼，总是思念着故乡。每次遇到困难，遇上不开心的事情，总想着回到故乡。

打工人都在坚持着自己的梦想，都在努力奋斗着。努力的过程是辛苦的，背井离乡必须全力奋斗，因为只有奋斗，只有开动脑筋，打工人才有可能成功。

扫地工人现在逐渐被扫地机器人取代，洗碗工人现在逐渐被洗碗机器人取代，做饭工人现在逐渐被做饭机器人取代，超市收银员已经被自助收银机器取代，银行柜员已经被柜员机器取代。

这些说明时代已经不同了，并不是说你努力了，就能够获得成功。想成功，需要与时俱进，顺应时代，努力思考，勤于实践，借助外物，才能够获得成功。毕竟，人与动物的最大区别是人能善用智慧和借用外物。

双十一电商节已经有15年左右的历史，每年的销售额都有所突破，在这15年内做电商的企业，只要努力奋斗，借助电商平台的助力，就可以解决生存问题，并能发展壮大。

微商也热门了好几年，在那几年里做微商的人，只要努力奋斗，借助平台销售，就可以解决温饱问题，并且买辆小汽车。

现在，抖音平台才刚刚开始热门，相信现在开始做抖音也还不算晚。2024年开始，只要努力奋斗3年左右，估计解决温饱问题也是没有问题的。

乾坤未定，你我皆是黑马。不论今天有多么的困难，希望都在明天。在抖音上，可以看见很多人成名前经历的一些辛酸故事，成名前总是默默无闻、无人问津。通过仔细观察和思考，你会发现他们在成功前，不断地运用外物，不断地改良，不断地进步，不断地尝试。例如，在抖音上可以看见，深圳大学40周年校庆，2018级经济学院国贸专业张宇峰校友以个人名义捐赠5000万元。仅仅毕业一年，他就能够给母校捐赠5000万。可见，成功只要方向对了，努力一年、两年是可以实现财富自由梦想的。

抖音就是现在的财富风口，我们一起努力奋斗、一起尝试做抖音运营，为我们的梦想奋斗吧！

我们选择抖音来做运营平台，主要原因如图2-2所示。

图2-2

1. 易懂易学

抖音平台是最热门的短视频软件,大部分功能都设计得易懂易学,因此用户量较多,流量较大。

2. 流量趋势

互联网营销的实现归根结底依靠的是用户量和流量。任何品牌营销和商业盈利的成功都需要流量的支撑。抖音短视频平台作为一种直观有效的流量入口,已经成为互联网营销的新势力。我们现在坐公交、坐地铁出行,都可以看见很多人利用碎片时间刷抖音、观看短视频。观看短视频的人有的用来学习,有的用来解压,有的用来沟通,有的用来做商务。无论是个人、个体户、商家还是自媒体,抖音已经成为互联网流量的必争之地。

3. 用户价值

抖音平台的用户群体非常广泛,包括各个年龄段的人群,18岁至70岁的人群占90%,18岁以下和70岁以上的人群占10%。在抖音平台上,我们可以看到各种不同类型的内容和用户,从而了解到不同人的生活、文化和气候。所以,抖音平台也为商家提供了一个推广产品的平台,商家可以通过投放广告等方式将自己的产品向全国快速推广。商家通过抖音宣传自己的产品、服务和质量,提升品牌的价值,最终达到提升产品销售量的目的。

4. 社交属性

抖音平台将短视频与社交进行良好的融合,使用户可以找到兴趣爱好相同的人,进行交流和互动。例如,一个明星进驻了抖音平台发布短视频后,他的线下粉丝都可以在线上关注到他的生活、他的新歌、他的最近状态,粉丝可以给他的短视频点赞、收藏、转发等。

5. 品牌营销

抖音平台通过"美好生活"的品牌让用户了解到抖音视频的制作过程。再通过优质短视频内容将抖音打造成一个充满正能量生活方式的平台。抖音还能以品牌植入和跨界合作等方式持续拓展自身的品牌价值。抖音平台植入了抖音电商为用户营造感兴趣内容的消费场景,植入了抖音团购为用户提供性价比较高的产品,实现了三赢方案,买家买到性价比高的商品,卖家可以批量卖出商品,抖音平台也可以获得收入以继续服务平台的用户。

6. 广告收入

抖音平台通过广告收入支撑了企业的运营和发展。商家可以通过投放广告等方式来宣传自己的产品和服务,提高销售量,获得销售收益。个人也可以为商家推广产品,获得广告收入。

总而言之，做抖音平台可以带来很多好处，包括易懂易学、流量趋势、用户价值、社交属性、品牌营销、广告收入等。想要获得抖音平台带来的好处，获取收入，就必须做好抖音账号，尽力成长为一个百万大 V。当然，从 0 到 100 万粉丝，需要动脑、需要时间、需要用心才能做到。

2.3 做抖音能不能成功

当你开始发布短视频时，可能会经历一个抖音账号冷启动的阶段，即初期观众数量较少，这是很正常的事情。这时候千万不要放弃，因为短视频发布的成功需要时间、努力和耐心。在这个冷启动的阶段，你可以尝试在平台分享自己制作的短视频、与同行互动、参与热门视频制作活动等来吸引更多的观众。

当你发布的短视频突然获得几百个点赞、几百条评论时，这是一种开始向好的迹象，表明你发布的内容正在引起观众的共鸣和关注。多发布，多总结经验，多学习，会带来更多的观众和评论，也会增强你的自信心和动力。

当你获得观众点赞认可、小有成就的时候，在享受这种成就感和满足感的同时，也要继续学习，保持谦逊和感恩的心态。要感谢那些花时间观看你的视频、留下评论和点赞的人，他们是你继续创作的动力和支持者。有时间的话，每一条评论都要回复一下，有时候也要互相鼓励。同时，也要保持对未来的期待和努力，不断提升自己的创作水平和能力，以创造更好的内容，吸引更多的观众。

每一个做抖音账号的用户，都需要经历学习、实践、再学习、再实践、短视频发布了几百个、直播了几百次、粉丝量达到百万、成功盈利的过程，如图 2-3 所示。

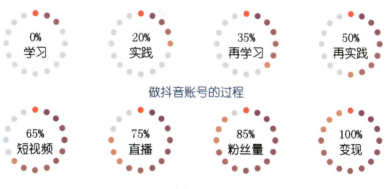

图 2-3

有的人在学习过程中放弃了，有的人在实践中放弃了，有的人在创作了几百个短视频后看不到效果放弃了，有的人在粉丝量几十万时放弃了，最终坚持下来的抖音创作者才能成功盈利。

2.4 用户每周使用抖音的时长

一个普通用户每周在抖音平台要花多少时间呢？我们通过手机的统计数据查看一下相关数据。在使用抖音比较频繁的时候，一个普通用户平均每周在抖音平台上花了 30 小时 46 分钟，数据参见总屏幕使用时间，相当于普通用户每天在抖音短视频平台上日均用了 6 小时 9 分钟，数据参见日均时间，如图 2-4 所示。

在使用抖音比较少的时候，普通用户每周在抖音平台上花了 16 小时 10 分钟，数据参见总屏幕使用时间，相当于普通用户每天在抖音短视频平台上用了 5 小时 23 分钟，数据参见日均时间，如图 2-5 所示。

图 2-4

图 2-5

从这些数据我们可以看出抖音的特点，就是它有极高的内容消费时长。这种消费时长很大程度是因为抖音的"中心化"算法推荐，不断猜测并推荐用户喜欢和关注的内容，因此可以帮助各类品牌很好地连接用户。

第 3 章 学习抖音赚钱的方式和逻辑

3.1 看抖音短视频，学习赚钱的方式

赚钱通常指通过资本或者劳动力产生收入、获取利润的过程，这个利润就是资本家或劳动者赚到的钱。通过劳动力赚钱模式，可以理解为用体力赚钱模式，是一种体力劳动；通过资本赚钱，可以理解为"钱生钱"模式，是一种脑力劳动，如图 3-1 所示。

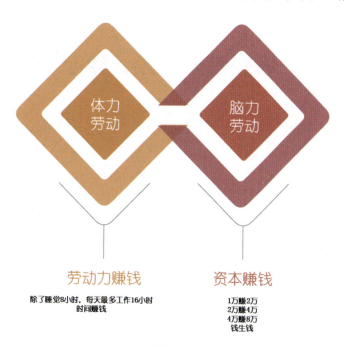

图 3-1

1. 劳动力赚钱的案例

劳动力赚钱的案例 A：我今天送了 50 个单的外卖，跑了 300 千米，花了 8 小时，赚到了 300 元。

劳动力赚钱的案例B：我今天搬了5000块砖头，盖了一间房，花了8小时，赚到了500元。

2. 资本赚钱的案例

资本赚钱的案例：企业先花大量资金研发一套系统平台，然后为大众提供一个外卖网站平台，外卖员可以在网站平台上接单送外卖，美食店铺可以在网站平台销售盒饭。平台提供软件系统，只做互联网服务，美食店铺每卖一单，网站平台赚美食店铺5元；平台提供软件系统，外卖员每送一单，网站平台又可以赚外卖员5元，也就是一买一卖，网站平台就可以赚10元，甚至更多钱，后面就可以想方设法获得买方和卖方的资金，获取更多收益。

总而言之，劳动力赚钱有劳动力的风险，资本赚钱也有资本赚钱的风险。对于劳动力赚钱方式，一旦人年龄大了，就无法再用劳动力赚钱。对于资本赚钱方式，一旦亏损了，没有了本金，就要回到使用劳动力赚钱。即使生活不易，也要好好生活，通过赚钱活出生命的意义，为社会创造出自己的价值。

这些赚钱的运营方法，我们都可以通过刷抖音学习到。很多人也将运营赚钱的方法做成短视频，发布到抖音平台与大家分享赚钱方法。

3.2 赚钱逻辑：看抖音短视频，教你赚钱的逻辑

赚钱的逻辑常见的有5种：信息差、认知差、信誉差、执行差和竞争差，如图3-2所示。

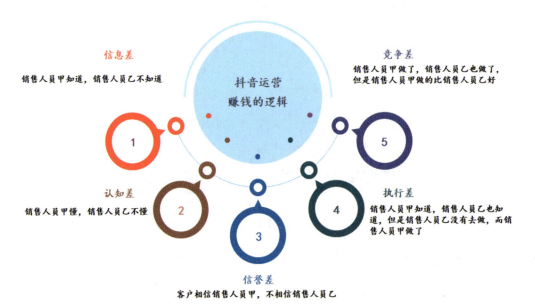

图3-2

1. 善于利用信息差：销售人员甲知道，销售人员乙不知道

【案例 1-1】销售人员甲知道今天大客户 10 点下飞机，销售人员乙不知道。销售人员甲开车去接大客户，销售人员乙没去接，最后销售人员甲相对容易谈成业务。

【案例 1-2】销售人员甲知道大客户喜欢古代的装修风格，销售人员乙不知道。销售人员甲整理了 100 多个古代风格的案例让大客户选型装修，销售人员乙没有整理，最后销售人员甲相对容易谈成业务。

2. 充分掌握行业与客户认知：销售人员甲懂，销售人员乙不懂

【案例 2-1】某品牌的手机刚出，销售人员甲懂得客户会加价买，客户一定会要第一手货源；销售人员乙不懂客户，想等到原价再购买手机。结果销售人员甲原价再加 200 元买入 1000 台手机，销售人员甲原价再加 300 元卖给客户。销售人员甲每台手机赚差价 100 元，1000 台手机快速售出赚了 10 万元。而销售人员乙觉得销售人员甲加价 200 元购买手机风险较大，可能会亏本。

【案例 2-2】互联网时代，技术人员甲懂做企业网站，技术人员乙不懂。客户需要做企业网站，肯定找技术人员甲，不会找技术人员乙。

3. 打造品牌形象，培养企业信誉：客户相信销售人员甲，不相信销售人员乙

【案例 3-1】销售人员甲和销售人员乙卖同一款品牌面膜，销售价格都是 100 元 / 盒。客户是销售人员甲的朋友，相信销售人员甲就买了。

【案例 3-2】销售人员甲的店铺和销售人员乙的店铺同时在某购物平台销售同款面膜，该面膜销售价格都是 100 元 / 盒。销售人员甲的店铺是信誉度极高的、经营了 5 年的老店，销售人员乙的店铺是信誉度偏低的、经营了一年的新店，那么客户大概率会在销售人员甲的店铺购买产品。

4. 执行力的钱：销售人员甲知道，销售人员乙也知道，但是销售人员乙没有去做，而销售人员甲做了

【案例 4-1】互联网初期能够买卖商品，也是红利时期，销售人员甲知道，销售人员乙也知道。销售人员甲去各大平台创建了电商商店，努力奋斗做了两年赚到了小钱，但是销售人员乙没有去尝试做电商，而销售人员甲做电商了。

【案例 4-2】互联网企业上市能够赚大钱，销售人员甲知道，销售人员乙也知道。但是销售人员乙没有去做，而销售人员甲努力奋斗使企业达标上市，上市后赚了百亿。

5. 竞争力的钱：销售人员甲做了，销售人员乙也做了，但是销售人员甲做得比销售人员乙好

【案例 5-1】销售人员甲生产手机，销售人员乙也生产生机，销售人员甲生产的手机使用开源安卓系统，销售人员乙生产的手机也使用开源安卓系统。在硬件和软件一致的情况下，销售人员甲创建了社区网站，让客户提交 BUG 漏洞和发布多款免费漂亮的手机 UI 设计，而销售人员乙没有社区网站。可见在产品不相伯仲的情况下，销售人员甲服务做得比销售人员乙好，最后销售人员甲的手机销量比销售人员乙多。

【案例 5-2】销售人员甲销售手机价格为 5000 元，销售人员乙销售手机价格也为 5000 元，在同一个知名互联网平台销售，每年客户生日销售人员甲都寄一箱水果给客户，送手机壳和手机屏幕贴膜，客户每一次更换手机通常找销售人员甲购买。可见在产品不相伯仲的情况下，销售人员甲服务做得比销售人员乙好。

第4章 账号定位,每个账号专注一个领域

4.1 杂货店和品牌店

有关抖音账号内容的定位,我们用杂货店和品牌店来形容。

杂货店是什么都卖的店铺,比较乱。这类短视频账号,有时候发布生活短视频,有时候发布音乐短视频,有时候发布艺术类短视频,粉丝只对小部分内容感兴趣,对大部分内容不感兴趣。

品牌店只销售特定品牌的产品,以帮助消费者购买高质量的产品。因此,品牌店可提供高可信度和高品质的产品给消费者。同理,短视频只做某一种类型的账号,可以看作品牌店账号,这些账号的内容更加专业。

1. 杂货店和品牌店的区别

杂货店和品牌店在很多方面都有所不同,以下是一些主要的区别。

(1) **商品范围**:杂货店通常提供多种类型的商品,包括食品、日用品、文具等,而品牌店则主要销售特定品牌的商品,通常是该品牌的上衣、鞋、裤子、配饰等,商品是关联的。对应到短视频账号,杂货店的短视频账号,什么类型的短视频都有,用户很难发现自己想要的内容,除非用户要将其发布的几十个视频看完,才能找到少数几个他们想要的内容。而品牌店的短视频账号,只做某一个领域的短视频,发布的全都是某一领域的内容,而且内容看起来相对专业,用户学习和寻找感兴趣的内容也相对容易。

(2) **价格**:一般来说,品牌店的商品价格较高,因为它们通常提供的是高品质的商品,而且还有品牌溢价。杂货店的价格则相对较低,因为它们的商品通常没有品牌溢价,且成本较低。

(3) **广度和深度**:杂货店是广度发展,例如篮球、冰淇淋、书、饰品、文具、菜、酱油、薯片、衣服、鞋、袜子、花生油等。品牌店是深度发展,例如衣服、鞋子、袜子等。这些

商品是关联的。有的服装类品牌店甚至只做旗袍，做得更加专业。做短视频账号建议就往深度发展，效果可能比往广度发展更容易、更专业。

(4) **质量**：品牌店注重品质和设计，商品的质量通常也比较高。杂货店注重的是产品齐全，质量可能参差不齐，商品的品质有的不错，有的可能不太好。同理，短视频账号某一个领域做得专业，同领域商品的商家可能就会找你打广告，互相提升品质和设计。

(5) **服务和环境**：品牌店通常提供更好的服务和购物环境，例如专业的销售员、售后服务、舒适的购物环境等。杂货店的服务和环境则可能相对较差，例如，销售员可能一问三不知，无法提供专业的建议。

(6) **客户群体**：品牌店主要吸引的是对品质、时尚和品牌有一定要求的消费者，而杂货店则可能吸引对价格敏感的消费者。例如，有的品牌商品卖500元，去掉品牌后100元也卖不出去。虽然品质看起来是一致的，但是用户无法判断是不是合格产品，而且还没有售后服务，用户感觉比较不保险。

(7) **经营方式**：品牌店通常是直营或授权经营，有完整的品牌形象和经营理念，上班通过穿统一的工作服来代表品牌形象。杂货店通常是个体经营，经营方式和商品种类更加灵活，上班通常不用穿工作服。

总体来说，杂货店和品牌店各有优缺点，消费者可以根据自己的需求和喜好选择适合自己的购物方式。同样，短视频制作者也可以根据自己的需求和喜好选择打造某一专业领域的短视频账号，或者选择打造一个什么都有的短视频账号。

2. 作者感想

现在，杂货店和品牌店的差距越来越小。以前购买化妆品，人人都购买大品牌的化妆品，很少选择小品牌的化妆品。现在人们更注重妆容和舒适度，谁家的化妆品化妆出来好看、舒适度高，谁家的化妆品就好卖。所以，现在的化妆品市场，很多国产化妆品做得十分好，越来越多的人喜欢购买国产化妆品。

使用大品牌的化妆品，效果如图4-1所示。使用小品牌的化妆品，效果如图4-2所示。

有没有发现，大品牌和小品牌的化妆品妆容效果都差不多，不会差距太大，说明我们的国产化妆品品牌越来越优秀。

同理，只要杂货店的产品优秀、价格实惠，杂货店也能在零售市场上分一杯羹。只要品牌店的产品不够优秀、价格不够实惠，品牌店也会失去零售市场上的份额。这说明人们的消费观念已经发生了变化，会根据自己的需要判断产品的优劣，从而决定是否购买。

这个道理也可以用在抖音短视频创作者身上，100万粉丝的大V，如果不能持续学习和进步，可能也会被抖音的观众淘汰。100粉丝的小V，只要肯学习、能执行、有进步，持续提高短视频的质量和粉丝数，也会慢慢成长为大V，从而分得抖音市场的一杯羹。

第 4 章 ● 账号定位，每个账号专注一个领域

图 4-1

图 4-2

4.2 账号定位需要专业

1. 了解短视频的类型

短视频有非常多的种类，每一个种类的短视频账号都有百万粉丝的大 V。短视频的类型包括以下几种。

(1) 生活类：包括旅游、摄影、家居、宠物、美食、生活、探店等，注重生活品质和细节。

(2) 美食类：包括美食制作、美食分享、美食鉴赏等，注重美食的视觉感官、口感享受和实体店的装修。

(3) 时尚类：包括潮流穿搭、美妆造型、时尚资讯等，注重时尚风格、品牌文化，教导用户怎么穿搭，怎么化妆。

(4) 艺术类：包括画画、设计、配色、设计工具介绍等，注重艺术风格、色调搭配。

(5) 美容类：包括美发、保养头发、美化指甲、美化皮肤、美化嘴唇等，注重人的全身上下怎么能够变得漂亮。

(6) 减肥类：包括瘦身、瘦脸、瘦腿、瘦腰的运动，每天要吃什么，每天要多少运动量，注重人怎么能够变得健康、变得好看。

（7）**娱乐类**：包括明星八卦、综艺热门花絮、电影剧情解析等，注重娱乐性和热点事件。

（8）**运动类**：包括篮球、足球、健身、跑步、滑板等，注重运动技巧、健康养生和运动品味，注重教导用户运动的规则、方法和技巧。

（9）**音乐类**：包括唱歌、乐器演奏的方法等，注重音乐性和艺术表现。比如，唱歌要怎么运用呼吸的教程。

（10）**动画类**：包括二次元动画、AI动画、卡通动画等，注重手绘艺术、创意性、幽默感。

（11）**纪录片类**：包括人文历史、科学探索、动物生活、自然等，注重真实性和深度剖析。

（12）**短剧类**：包括微电影、情景剧、霸道总裁、悬疑剧等，注重情感表达和故事性。

（13）**综艺类**：包括脱口秀、真人秀、选秀节目等，注重娱乐性、互动性和明星效应。

2. 短视频的定位及其考虑因素

短视频定位的目的是让产品或品牌在目标市场中具有独特性和差异性，从而在竞争激烈的短视频市场中脱颖而出。首先，定位可以帮助创作者明确自己的创作方向和内容风格，从而更好地吸引目标受众群体。其次，定位可以帮助创作者在竞争激烈的市场中脱颖而出，提高自己在某一领域的知名度和影响力。

在短视频的定位中，可能需要考虑以下几个因素。

1）目标受众

需要明确自己的目标受众是谁，包括年龄、性别、地域、兴趣等方面的特征。例如，我的粉丝大多数在 25 岁至 50 岁，因为做的内容是汽车垂直类，男性用户占比相对较大，男性占 90%，女性占 10%，在广东的居多，他们的兴趣是汽车、摄影、音响、美食等。对这样的男性占比来说，这种垂直类的汽车账号就适合星图广告盈利，可以接一些汽车品牌或者汽车用品的广告。

2）内容类型

确定自己想要创作的内容类型，包括搞笑、美食、旅行、时尚、科技等。例如，我的粉丝喜欢美食、旅行、搞笑、科技，刚好美食、旅行、汽车是我比较熟悉的内容，也是我一直强调的垂直内容。

内容一定要垂直。简单来说，想要盈利，垂直是关键。内容垂直了，才能专注自己的专业领域，才能盈利。你可能会发现，几年前经常刷的段子号、剧情号已经很久没有更新了。为什么不更新了呢？能让一个人做一件事，长期坚持下去的动力大多是利益，在抖音来说就是盈利。一开始，大家很有热情地拍各种流行的段子，但是如果一直没有盈利的话，一年你可能可以坚持，两年你还能再坚持，三年呢？五年呢？所以，慢慢你会发现，只有那些垂直的账号，一直在更新，因为一直有盈利。因此，千万不要今天拍一下美食，明天分享一下服装，后天又发一下萌宠，接下来伤感一下，这种随心所欲的做法适合发朋友圈。如果想做抖音并且盈利，就需要找到一个适合自己能力的方向和内容，深入一个领域坚持做下去。

3）抓住关键的前3秒

前段时间很火的港剧《新闻女王》里有一句台词，做新闻最重要的是前7秒，吸引观众停留，才有兴趣看下去。而做抖音也是类似的，但因为抖音是短视频，所以最重要的时间更短，前3秒至关重要。千万不要小看这3秒，这几乎是60秒左右的短视频中最关键的部分，前3秒成功了，这条视频几乎就成功了一半。抖音推荐是大数据的玩法，在前几秒中，能不能吸引人继续看下去，看了的人几秒内会不会划走，有多少人能把整条视频看完，都有相应的数据。这关键的前3秒决定了平台会不会把你的视频推送给更多人或者推送给什么人。如果是做一个传统的节目，前几秒可能就是介绍一下自己之类的不太重要的内容，但抖音前3秒绝对可以用"打仗"来形容，需要把最重要、最精彩的内容放在前3秒，这么做会令你的视频效果大增。

4）传播渠道

毫不夸张地说，现在几乎是全民自媒体时代。以前传统的电视拍摄需要有专业的摄像师、专业的灯光师、专业的后期剪辑师等组成一个团队制作，并且只能在官方的渠道，如电视台播出。而现在，只要你有手机，就可以随时随地拍摄或者记录，也可以拥有自己的自媒体平台。比如，作者除了有个人的抖音账号外，还有微博、小红书、大众点评、视频号等。我们可以找适合自己的传播渠道和推广方式，包括社交媒体、短视频平台、直播等。例如，做好一条短视频，确定你的发布平台。除了发布视频外，里面的照片也可以发布到其他平台用来引流。

总之，定位是短视频创作中非常重要的一环，它可以帮助创作者更好地了解自己的受众和市场，从而创作出更符合用户需求和受众喜好的短视频。

3. 作者自己选定的短视频方向

作者选择了汽车搞笑段子讲解、探店生活的定位。目前，作者的汽车搞笑段子讲解的账号已经有100万粉丝，探店生活的账号也有20万粉丝，分别如图4-3和图4-4所示。

图 4-3

图 4-4

4.3 选择热门的领域，还是选择冷门的领域

选择热门的领域，还是选择冷门的领域。

如果你高考考了 600 分，那么你的选择可能是 211、985 中不喜欢的专业，也可能是普通大学中喜欢的专业。如果能够重来，我们会选择考出高分，选择 211、985 中喜欢的专业。因为没有重来，所以必须二选一。

选择取决于个人的兴趣、职业规划、市场需求等多个因素。同理，短视频账号选择热门的领域还是选择冷门的领域很关键。制作热门的短视频，可能前十万名都没有你；但是，制作冷门的短视频，在这个领域中，你可能排在前一千名，甚至前一百名。

我们来看一下需要考虑的因素。

（1）**兴趣和爱好**：选择自己感兴趣的领域是比较重要的，感兴趣的事情，做起来事半功倍。如果你对某个领域有浓厚的兴趣和爱好，那么选择这个领域，做起事来会更加愉快和有动力。

（2）**市场需求**：选择有市场需求的领域，可以增加就业机会，职业发展前景也更好。例如，几年前，选择计算机相关专业，就业机会比较多。现在，选择学习短视频制作，就业机会也是比较多的。热门领域的就业机会通常比较多，而且薪资水平也较高，但竞争也可能更加激烈，热门领域的生命周期可能就在 5～10 年。

(3) 个人发展：选择适合自己的领域，可以更好地发挥个人能力和潜力，更愿意用心付出。在冷门领域中，如果你坚持长期发展，比较容易成为这个领域的专家，也可能获得更多成功的机会。懂得人少，也就物以稀为贵了。

(4) 竞争情况：热门领域的竞争通常更加激烈，因为更多的人在争夺相同的职位和机会。如果你想在热门领域中脱颖而出，就需要具备更高的技能水平和专业知识，要付出更多的时间和金钱。同理，短视频的每一个领域都有账号在做，热门的领域需要高播放量才能做到顶部。例如，热门领域 100 万浏览量才能做到前一百名，而冷门领域只需要 1 万浏览量就可以做到前一百名。

(5) 长期规划：选择领域时还需要考虑自己的长期职业规划和发展方向。如果你想在某个领域中获得更高的职位和更好的职业发展前景，那么选择热门领域可能更有优势。

综上所述，选择热门的领域还是选择冷门的领域，并没有固定的答案。最重要的是根据自己的兴趣、职业规划、市场需求等多个因素综合考虑，选择适合自己的领域。在抖音平台做短视频，可以先去观察你想做的领域中的人多不多，做得最优秀的人效果如何，是否能达到你想要的效果，你是否能够做出来。

4.4 观看百万大 V 视频，了解你能做和想做的同款短视频

有时候，制作短视频看起来很容易，但是做的时候就会遇上各种问题，做不出足够水平的短视频。这时候可以观看百万大 V 的视频，学习他们是如何制作短视频的。通过观察他们的视频内容、文字、音乐、封面、拍摄技巧和编辑方法，你可以获得一些制作同类短视频的启示和灵感，从而帮助你制作同款的短视频，并且确定自己想要制作的短视频类型。

你在观看完百万大 V 的视频后，可以更好地了解自己能否制作出同款的短视频，以下是一些建议。

(1) 观察视频内容：观察百万大 V 的视频内容，了解他们所关注的主题、话题、受众群体。思考这些内容是否与你的兴趣和特长相符，以及你是否能够创作出类似的内容。

(2) 观察视频封面：观察百万大 V 的封面内容。有的大 V 制作出来的短视频，一看其封面就能知道短视频大概是讲什么的。

(3) 观察创意封面：观察百万大 V 的短视频的创意封面。比如，有一个大 V 发布了 9 个短视频，这 9 个短视频的封面就形成了一个"心"型，极具创意。

(4) **关注拍摄技巧**：观察百万大V的视频拍摄技巧，包括构图、光线、角度等场景。了解他们的拍摄方法和技巧，思考这些技巧是否适用于你的拍摄设备和环境。有的创作者皮肤没有那么白，但是他们制作出来的短视频，创作者的皮肤很白、很漂亮。

(5) **分析编辑方法**：观察百万大V的视频编辑方法，包括剪辑、特效、音效等。了解他们的编辑思路和方法，思考这些方法是否适用于你的视频制作需求。有时候，你会发现大V的短视频并不是一直在一个地方拍摄的，而是转了好几个场景，但是整个短视频看起来非常顺畅，可以学习一下他的这个技巧。

(6) **了解受众反馈**：观察百万大V的短视频在受众中的反馈，包括点赞、评论、转发等。了解受众对他们的视频的评价和喜好，思考这些反馈是否与你的预期相符。当然，百万大V也是人，不是黄金，做不到人人都喜欢，评论肯定是有说好的，也有说坏的。

(7) **制作短视频**：在了解百万大V的视频内容和制作方法后，实战制作一个同款的短视频。通过实践，你可以更好地了解自己的制作能力和创作潜力。运用"剪映"软件做出一个同款短视频后，如果你自己觉得满意，就可以发布出来让所有人观看和评价了。

总而言之，观看百万大V的短视频，可以帮助你了解他们是如何制作和发布短视频的。通过观察和实践，你就可以做出同款的短视频，学习他们的制作方法，参考他们的粉丝评价。如果短视频做得不够好，那么每天就多复盘几次，思考哪里做得不够好，再去改正和完善。每天进步一点点，一年下来就能看出来有很明显的甚至是脱胎换骨的进步。

有时候并不是跟着大V做出同样的短视频就可以成为大V，还需要通过主播是否漂亮、说话是否有情商、是否已经有足够多的粉丝等来判断。例如，黄颖芝VS林富荣制作的短视频内容。

作者黄颖芝是一个美女，长得漂亮。作者林富荣是一个男的，长得不够帅。他们都使用新的账号，做一个一模一样的短视频，需要作者露脸，并且发布，肯定美女黄颖芝制作的短视频更多人观看，更多人点赞。因为这款短视频是需要露脸的，所以漂亮、帅气是有优势的。

如果大家都使用新的账号，做一些一模一样的游戏短视频，那么结果就很难说了。因为漂亮已经没有优势了，游戏短视频不需要露脸，所以游戏短视频内容就看谁玩得好而决定胜负了。主播想做的短视频、能做的短视频都可以做到，那么选择好短视频内容的方向，才能使自己的粉丝不断增加。

4.5 短视频商业化和娱乐化

每一个大V的短视频账号中都有一些商业化的短视频，也有一些娱乐化的短视频。商业化和娱乐化的短视频需要相互搭配，商业化的短视频用于生存和生活，娱乐化的短视频用于吸引流量。

制作短视频确实需要一定的经验和技巧，做多了短视频就能熟能生巧。新手不用过于担心，努力和用心做好就可以了。在制作短视频时，作者以下建议。

(1) **明确目标**：在开始制作短视频之前，明确你的目标用户和受众群体，明确你想要传达的信息和情感，以及你的受众群体喜欢什么样的内容。明确目标将有助于你更好地确定短视频的内容。

(2) **制定计划**：在制作短视频之前，制定一个详细的计划，包括视频的主题、内容、拍摄地点、拍摄时间、拍摄设备、视频制作的时间等。这将有助于你更好地组织思路和资源，避免在制作过程中出现混乱。例如，你平时制作一个短视频需要一个月，一年发12个短视频，这样更新太慢了，作为娱乐账号没有问题，但是你要做10万粉丝以上的账号，一个月至少要发几条短视频，所以要制定计划。

(3) **学习技巧**：学习一些基本的视频制作技巧，例如拍摄技巧、剪辑技巧、特效应用等。通过观看教程，实践视频制作技巧，不断提高自己的制作水平。创作者既能做商业化的短视频，也能做娱乐化的短视频，这样才算具备基本短视频制作技能。

(4) **实践练习**：除了多看多学大V的短视频外，还需要多做实践练习，这是提高制作水平的关键，也是将看的和学的输出成成果。否则，就是浪费时间，什么成果都没有。通过实践，创作者可以尝试不同的拍摄方式和剪辑技巧，并力求创新。这样可以逐渐掌握适合自己的制作方法和风格，也能确定粉丝是否喜欢你拍的短视频风格类型。尽量往粉丝喜欢的方向发展，少往自己喜欢的方向发展，这样可以事半功倍。

(5) **寻求帮助**：如果你在制作短视频的过程中遇到问题，可以在百度或者在短视频平台寻求帮助。直接搜索问题，通常就能找到解决问题的方法，也可以给大V评论留言，也许大V能给你提供宝贵的建议和指导。

(6) **时间管理**：创作者开始创作短视频，一般没有太多的时间，不允许做太多的内容。所以创作者要根据自己的计划，分配和利用好自己的宝贵时间。

总而言之，制作短视频需要一定的技巧和经验，创作者通过明确目标、制定计划、学习技巧、实践练习、寻求帮助和时间管理，逐渐提高自己的短视频制作水平，努力制作出高质量的短视频，力求为自己的账号尽量多地吸引粉丝。

4.6 抖音两大粉丝巨头

第一位是人民日报的抖音账号，共有 1.7 亿粉丝，发布了 6007 条短视频作品。给粉丝们的留言是"参与、沟通、记录时代"，如图 4-5 所示。

第二位是央视新闻的抖音账号，共有 1.6 亿粉丝，发布了 8667 条短视频作品。给粉丝们的留言是"我用心，你用心"，如图 4-6 所示。

做抖音账号的用户们，最好也用 15 个字以内的优秀内容，给粉丝们一句留言。

图 4-5

图 4-6

第 5 章 抖音账号的内容调研

5.1 视频内容，热门有趣

热门有趣的短视频内容一般有其独特之处，创作者要制作出热门有趣的短视频，需要关注以下几点。

(1) **热点话题**：关注当前的热点话题和流行趋势，了解受众的兴趣和喜好。将这些热点话题融入你的视频内容中，可以吸引更多的关注和讨论。

(2) **创新独特性**：在制作短视频时，要注重创新和独特性。寻找与众不同的角度和表达方式，创造出与众不同的内容。这样可以吸引更多的观众，并在众多短视频中脱颖而出。

(3) **简单明了**：短视频要尽量简单明了，不要过于冗长。用简单明了的语言和画面表达你的观点和情感，让观众更容易理解和接受。

(4) **引人入胜**：在制作短视频时，要有引人入胜的开头和结尾，用有趣的问题、悬念或出人意料的结局来吸引观众的注意力，让他们对你的视频产生兴趣并继续观看下去。

(5) **娱乐性**：娱乐性是制作热门有趣短视频的重要因素之一。通过幽默、搞笑、轻松的元素来吸引观众的注意力，让他们在观看视频的过程中得到放松和愉悦。

总而言之，要制作热门有趣的短视频内容，需要关注热点话题、创新独特性、简单明了、引人入胜和娱乐性等要点。通过不断尝试和实践，你可以逐渐提高自己的制作水平，制作出更受欢迎的短视频内容。

5.2 文案内容，简单易懂

短视频的文字内容可以称为文案，也就是短视频文案。它是用于短视频的文字内容，包括标题、描述、字幕、声音、表情等，用于吸引观众的注意力，引导用户了解和观看短视频。例如：

A 说:"今年的考试很难啊。"

B 答:"不是啊,我轻松考到满分。"

A 的心情跌到谷底。

要制作简单易懂的短视频文案内容,可以遵循以下几点。

(1) **精简语言**:在编写短视频文字内容时,语言要尽量精简。避免使用复杂的词汇和长句子,让观众能够快速理解短视频的意思。几句话能够说明白的,就不要用几十句话来说明白。一个表情能够体现出来的,就不要用很多语句来体现。

(2) **图文结合**:在短视频中,创作者可以结合图片、图表等视觉元素来辅助文字内容。这样可以让观众更加直观地理解短视频所要表达的意思,提高观众的观看体验。例如,一两句话搭配一幅相关的图片。

(3) **简洁明了**:在制作短视频时,画面要尽量简洁明了。不需要展示过多的细节内容或无关信息,让观众能够快速了解创作者的观点和情感。例如,尽量避免运用一些闪来闪去的特效文字,使得视频画面看起来乱七八糟的。

(4) **突出重点**:在短视频中,创作者要突出重点信息,让观众快速抓住关键要点。可以使用标题、封面、案例、关键词等方式来突出重点。例如,关键词为"努力学习",短视频中要体现出视频主角努力学习的形象,同时搜索引擎会收录"努力学习"的短视频,当用户查询关键词"努力学习"时,那么你的短视频就很容易被展示给用户观看。

(5) **易于理解**:在编写短视频文字内容时,要考虑到观众的背景和知识水平。尽量使用通俗易懂的语言和表达方式,让观众能够轻松理解短视频的意思。例如,一些短视频分为上集、中集和下集,需要标注一下。如果不标注,用户直接看下一集,还真不知道短视频要表达什么意思。

总而言之,制作简单易懂的短视频文字内容,需要做到精简语言、图文结合、简单明了、突出重点、易于理解等要求。通过遵循这些规则,创作者可以制作出更加受欢迎的短视频文案内容。

5.3 音乐内容,吸引注意

短视频的音乐内容可以吸引观众的注意力,用户无须观看视频,直接听音乐就知道视频有什么内容。配合美妙的音乐声,可以让观众沉浸到视频内容中,感受到开心、伤心、悲伤、兴奋等情绪。

在短视频中运用音乐内容，需要注意以下几点。

（1）**注意版权问题**：在使用音乐素材时，特别要注意版权问题。要确保所使用的音乐素材已经获得版权许可或免费使用授权，避免侵权问题。如果有能力，那么创作者平时可以自己制作一些音乐，自己弹奏一些音乐、唱一些歌曲，未来也是可以给自己当素材使用的。

（2）**选择适合的音乐类型**：选择适合的音乐类型，可以更好地表达出视频内容和情感。例如，轻松愉快的音乐可以营造出欢乐的氛围，而深沉感人的音乐则可以表达出深沉的情感。

（3）**寻找高质量的音乐素材**：高质量的音乐素材可以让你的短视频更具有吸引力。可以通过专业的音乐网站、音乐应用或购买音乐库等途径来获取高质量的音乐素材。当然，最快的方法就是直接花钱购买版权。

（4）**注重音乐的节奏和韵律**：音乐的节奏和韵律可以影响观众的情绪和感受。在选择音乐时，要注重音乐的节奏和韵律，让它们与视频内容相匹配，以营造出更好的氛围和情感。例如，制作搞笑的视频，运用舒适、开心的音乐韵律；制作悲伤的视频，运用悲伤低沉的音乐韵律。

（5）**音效和背景音乐**：音效和背景音乐可以增强视频的氛围和情感。通过插入合适的音效和背景音乐，可以让观众更加沉浸其中，感受到视频所表达的情感和信息。例如，一个玻璃杯掉在地上碎了，音效就是"砰啦"，突出声音刺耳的音效，让人不寒而栗，非常适合吵架短视频的音效。

总之，在制作短视频时，音乐可以配合短视频要表达的情感来使用。音乐做得出色，再加上短视频内容合适，短视频很容易火爆起来。一个短视频是否热门，除了创作者的努力外，还需要交给观众来评估。好的短视频内容是第一步，好的音乐效果是第二步，有创意、敢尝试的创作者善用音乐就是迈出了成功的第三步。

5.4 封面内容，吸人眼球

一本包装好的新书，用户买书时第一眼看到的就是图书的封面。用户是否购买这本书，可以凭借封面、书名来判断，也就是说封面内容是吸引读者眼球的关键信息。

同理，短视频的封面内容也是关键信息，用户是否继续观看短视频，会根据短视频的封面来判断。

短视频的封面是由什么构成的呢？

1. 标题或文字

在封面上添加简短的标题或文字，可以帮助观众理解短视频的大致内容。标题应该简单明了，能够概括视频的主要内容，并吸引观众的注意力。例如，书名《WordPress 电子商务运营从入门到实战》，一看就知道是讲解 WordPress 这款软件是怎么用于电子商务运营的。短视频封面也一样，用户可以通过封面的标题和文字来判断是否点进短视频观看。

2. 封面图片

封面图片能起到预览的作用，用户预览封面就可能被封面吸引注意力，并激发其点击播放短视频的兴趣。例如，一本书的封面很吸引人，用户就想打开书籍，翻看一下书的内容。同理，一个短视频的封面很吸引人，用户就想点击播放短视频，观看一下视频内容。

3. 配色

短视频封面的配色是非常重要的元素，它可以用来吸引观众的注意力，让观众有不同的感受。例如，冷色和暖色是色彩学上的两个术语，它们代表了色彩的心理感受和情感效果。色彩倾向于红、橙、黄等颜色，通常就被称为暖色。色彩倾向于蓝、绿、紫等颜色，通常就被称为冷色。

4. 图片质量

如果图片很好看，但图片质量太差，看起来比较模糊，就不太容易吸引观众。短视频封面应该使用高清的图片，现在手机拍摄的图片质量都很不错。如果条件允许，也可以使用单反相机或者无反相机拍摄高质量的封面图片，尽量使图片"好看"。

如图 5-1 所示，图片质量较好，画质很高清，人脸看得很清晰。

如图 5-2 所示，图片质量不好，就像打马赛克一样，看起来很模糊。

图 5-1

图 5-2

封面就像一个人去面试，面试者的着装和精神面貌是给老板的第一印象。短视频的封面大致需要注意的就是标题文字、封面图片、配色、图片质量，如图 5-3 所示，只要把这些要素搞定，就能做出一款吸引人的短视频封面。

图 5-3

5.5 了解推荐算法，增加曝光量

抖音短视频平台的推荐算法是一个复杂的系统，它根据多个因素来决定一个视频的曝光量和推荐量。

短视频推荐涉及的因素，作者整理了一下，大致有以下几点。

(1) **用户行为**：抖音短视频可能会记录和统计用户对视频的互动，例如点赞、评论、分享、观看时长等。这些行为可以反映观众对视频的喜好，从而影响视频的推荐。比如，用户 A 天天看语文知识，系统就会推荐语文知识相关的短视频给用户 A。用户 B 天天看数学知识，系统就会推荐数学知识相关的短视频给用户 B。

(2) **社交关系**：抖音短视频可能会考虑用户的社交关系，例如关注过的人、点赞过的人、评论过的人等。这些关系会影响算法，让用户更容易看到他们感兴趣的内容，一旦创作者发布新的短视频，平台就会推荐给用户，让用户能够刷新到。

(3) **地理位置**：抖音短视频可能会考虑用户的地理位置，例如城市、地区等。这也会影响算法的推荐，让用户更容易看到与他们地理位置相近的创作者发布的内容。如果你是广东的用户，那么平台就会偏向推荐一些广东创作者的视频给你看。如果你是北京的用户，那么平台就会偏向推荐一些北京创作者的视频给你看。当然，偶尔也会推荐一下其他地区创作者的短视频给你观看，测试一下用户喜不喜欢其他城市地区的短视频内容。

(4) **音乐使用**：抖音短视频会有一些热门音乐，创作者使用这些热门音乐拍同款，也可能会提高短视频的曝光量。发布短视频的时候，不要直接发布，可以选择一首平台上大家都喜欢的音乐，然后配上同款音乐再上传短视频。

(5) **视频内容质量**：抖音平台会评估视频的原创性、创新性、趣味性、知识性等，以确定视频的内容质量，高质量的视频容易获得更多的曝光率和推荐量。

(6) **时间因素**：抖音短视频的推荐算法也会考虑节假日的因素，例如劳动节、国庆节、元旦、春节等。这些都影响视频的推荐，让用户更容易看到与节假日相关的内容，这样更迎合节假日喜庆的气氛。

(7) **明星和网红**：抖音短视频的推荐算法会将明星和网红的视频优先推荐给用户观看，因为他们本来就是用户更愿意关注的账号，用户很容易优先观看他们的视频。

(8) **新闻和媒体**：抖音短视频的推荐算法会将新闻和媒体的账号内容推荐给用户观看，因为这是真实发生的事情，属于用户关心的内容，用户很容易优先播放他们的视频。

抖音的推荐算法基于多个因素综合考虑来决定一个视频的曝光量和推荐量，上述因素是抖音短视频平台认可的内容，我们按这些因素来做短视频大致方向是正确的。

第 6 章 坚持更新，力争成为几万粉丝的大 V

6.1 制定计划，每天计划几件事情

很多个人短视频创作者，一开始很有动力，每天都能想到各种创意，但是每天拍完短视频，后面就累得不想剪辑短视频了。一个月过去了，也没有发布一个短视频。

就像有的人想减肥，每天都去吃很多美食，又不去运动，体重根本减不下来。

最根本的原因是，没有制定计划。因为没有计划，短视频创作者每一天都不知道要做什么事情。

制定一个每日计划，就知道每天需要做什么事情。每日计划可以帮助你更好地管理时间，提高工作效率，并且实现个人目标。以下是一个制定每日计划的基本步骤。

（1）**确定目标**：首先，创作者需要明确你每天的目标是什么。这个目标可以是完成一项任务、学习新的知识、锻炼身体、打个电话与朋友交流等。同时确保你的目标具体、可量化，并且与你的长期目标相符。例如，今天的目标是创作一个 15 秒的短视频。

（2）**列出任务清单**：将确定目标分解成具体的任务。例如，目标是创作一个 15 秒的短视频，那么任务清单可以是布景、选择地点、拍摄、剪接、购买工具等。要确保每个任务都是具体的、可以完成的，并且有明确的截止日期。

（3）**安排时间**：根据任务的紧急程度和优先级，为每个任务分配具体的时间。例如，目标是创作一个 15 秒的短视频。时间安排可以是早上 9～10 点布景，10～11 点拍摄，11～12 点剪接 7 秒的短视频，下午 2～3 点购买工具并且去户外公园，下午 3～4 点去户外拍摄，下午 4～5 点剪接 8 秒的短视频，下午 5～6 点将早上和下午的短视频合成为一条 15 秒的短视频，并且修改好。

（4）**设定提醒**：为了确保你能够按时完成每一个任务，可以使用手机、闹钟来设定时间提醒。例如，可以设置一个闹钟，任务做到一半的时间提醒一下，还剩下一半的时间。

任务到时间了，再提醒要去执行下一个任务。以此来保证计划的每一个小任务均在限定的时间内完成。

（5）**预留休息时间**：在制定计划时，需要预留出一些休息时间。有适当的时间吃饭、休息和锻炼，可以帮助你恢复精力，提高工作效率，并且拥有一个健康的身体。

（6）**调整计划**：在执行计划的过程中，可能会遇到一些不可抗的因素或突发事件。在这种情况下，你需要根据实际情况适当地调整计划。例如，下午3~4点去户外拍摄，但是由于天气原因下大雨了，那么拍摄工作可能就需要改在室内了。虽然视频可能没有户外拍摄的好看，但是这么干能保证每天的工作都会有产出。

你可以制定一个简单而有效的每日短视频拍摄计划。需要记住，制定计划是为了帮助你更好地管理时间，提高工作效率，每天都发布新的短视频让观众观看，实现个人目标。创作者不需要过于追求完美，而是要根据实际情况和需求来保证计划的完成，每天都保证有工作成果。

在实践中，你可以去翻阅一些百万、千万级别大V的短视频，他们也不是每一条短视频都很完美，但是每次发布短视频都会有大量的粉丝在观看。

6.2 执行计划，每天完成几件事情

在完成计划的过程中，经常会发现问题。就是说制定的计划很完美，但是每次执行计划的时候，都完成不了。

如果你发现每次制定的计划都无法完成，那么你可能需要重新审视自己制定计划和执行计划的过程，琢磨一下究竟是哪个环节出现了问题。以下几个做法能够帮助你更好地执行计划。

（1）**评估计划的合理性**：首先，评估你制定的计划是否合理可行。别人一个小时能够完成的任务，你一个小时完成不了，说明你的能力与别人有差距，只能通过多学习、多实践来弥补，最后达到你也能够一个小时完成任务。或者你需要两个小时才能完成任务，你就按两个小时来安排自己的任务，计划要根据自己的能力来制定。一个小时不可能完成的任务，你安排一个小时，就会导致后面的任务全部需要延迟。如果短视频制作还需要其他朋友帮忙，你突然改时间了，那么朋友过来了，你的计划就没法继续了。所以评估计划要根据自己的能力和时间来考虑，需要朋友合作的计划，合作的时间节点最好不要改变。

（2）**设定明确的目标**：确保你的计划有明确、具体的目标。明确的目标可以帮助你保持专注，并且衡量你的进度和成果。例如，做一个15秒的短视频，自己的能力也没问题，

一个朋友突然打电话来叫你出去吃饭，你真出去吃饭，计划的任务也不去执行，说明制作短视频不是你的目标，与朋友出去吃饭才是你的目标。所以设定了目标，要坚定自己的目标，先干正事。

(3) **任务完成的勾选**：制定计划后，每完成一个小任务，自己要给这个小任务打上一个勾，说明这个小任务完成了，这样才会越来越有动力，最终完成所有的小任务，所有小任务完成的时候，就是整个短视频出成品的时候。这样会使得你有成就感，没有浪费时间，花费时间工作了就有工作成果。

(4) **空余的时间表**：有时候计划的小任务可能会提前完成，这样就会有空余的时间。多出来的时间可以用来思考后面的任务怎么样才能做得更好，也可以提前开始下一个小任务，直至整个短视频项目完成。原来计划晚上6点完成所有的任务，你提前在下午3点就完成了。如果没有什么问题，自己也感觉短视频制作得很满意，那么就可以安排跟朋友出去逛街了。合理地运用空余时间，不仅能提高自己的效率，也能挤出一些时间进行一些自己喜欢的娱乐活动。

(5) **寻求帮助**：在执行计划的过程中，你发现自己难以独自一个人完成计划的小任务，不要犹豫，尽力寻求其他人的帮助。例如，在户外拍摄的过程中，需要一个人支起补光灯，这时你可以请求同行小伙伴帮助你扶一下工具，你就可以顺利拍摄了。

(6) **培养自律性**：计划制定好了，若人不自律，一样没法完成任务。通过自律和坚持，可以帮助你更好地执行计划，并且可以克服工作拖延症和分心等问题。例如，在企业上班时，朋友找你吃饭，你会说现在在上班不能赴约而拒绝朋友的邀请。而你全职做抖音账号时，朋友找你吃饭，你马上就出去了，说明自律性不强，这样抖音账号很难做成功。

6.3 坚持发布短视频，尽力获得粉丝

每天都有一些短视频产出，肯定就有一些用户观看，哪怕用户量少一些，也能积少成多。有一个成语"水滴石穿"，寓意是只要坚持不懈，就能把艰难的事情办成。

一个普通用户能够成为网红，不是一夜之间就成为短视频大V的。肯定也是发了很多视频，用户量才从0到100万的。一年发布100至200条短视频，也能有几万粉丝，如果某一个短视频突然成为热门，粉丝量一下就上去了。

短视频吸引用户关注，可以套用引流、截流、回流、裂变的模式。

- ◆ **引流**：指怎么把用户吸引到店（账号）里。
- ◆ **截流**：指怎么把用户留下来。
- ◆ **回流**：指怎么让用户进行多次消费（观看视频）。

◆ 裂变：指怎么让用户介绍新的用户（让用户推荐新用户）。

1. 短视频引流

短视频引流，需要将自己的账号内容填写完整，让用户知道你是做什么的。有才艺的用户，就多做才艺、美术表演的短视频；有创意的用户，就多做搞笑的短视频。这样可以把用户吸引到你的账号里，成为你的粉丝。所以，只要把短视频的内容做好，短视频本身就可以引流。

2. 短视频截流

想把用户留下来，就需要坚持更新短视频，最好每天发布一个短视频，用户就像追电视剧一样，每天都会过来观看你的短视频，这样就可以将用户留下来。

有时候，你的短视频不被推荐给用户，这个问题通常与系统的推荐算法相关。短视频平台的推荐算法可能会不断调整，根据用户行为和平台策略的变化，来决定哪些视频需要在用户的首页、关注、推荐等列表中展示。如果你的短视频在算法调整后不容易被用户发现，可能就是被推荐算法降低了曝光量，这意味着短视频创作者也需要根据平台目前推荐的内容做一下改变，调整自己的短视频内容和方向。

3. 短视频回流

怎么让客户进行多次消费呢？学懂了，创作者也就学会了盈利方法。我们认为回流涉及以下几点。

(1) **提供优质的产品和服务**：确保你的产品或者服务质量好，并且能够满足客户的需求。通过提供好的产品和服务，你可以赢得客户的信任度和忠诚度，从而增加他们再次购买的可能性。例如，用户在其他店铺购买产品需要 188 元，在你的店铺购买也是需要 188 元，但是你承诺提供保修服务，那么你相比其他店铺就占了优势。

(2) **建立客户关系**：与客户建立互动关系是促进多次消费的关键。与客户保持联系，了解他们的需求和偏好，并提供个性化服务和关怀。例如，通过发送感谢的邮件，或给粉丝发放优惠券等方式，建立客户关系。

(3) **寻求合作**：抖音带货可以寻找工厂合作，这样可以将商品的价格降到最低。你的粉丝购买也就能得到更多的优惠。你的粉丝量、销量提成也会有提升。例如，平常一件衣服卖 999 元，工厂能以出厂价 199 元让你销售，你再 250 元卖给粉丝，卖一件衣服能够赚 51 元，一万个粉丝购买，你就可以赚到 51 万元了。粉丝只需要消费 250 元就可以获得市场价 999 元的衣服，工厂通过主播也可以快速把货卖出去，并快速回款生产新款衣服。合作是一个三赢的方法，也是一个吸引粉丝、促进客户进行多次消费的方法。

(4) **促销活动**：定期推出有吸引力的优惠和促销活动，为粉丝提供折扣、赠品、限时促销等活动，可以增加客户的购买动力，吸引客户多次购买。例如，电商节的六一八活动、双十一活动、双十二活动等，都能吸引客户多次购买。

(5) **称赞客户**：人都喜欢听称赞的话，不喜欢听骂人、说不好的话，所以创作者要经常赞美购买的粉丝用户。例如，在广东工作生活，男的被称作靓仔，女的被称作靓女。多说几声赞美的话语，维系客户的良好关系，能够促进客户再次购买。

(6) **生日优惠**：通过提供独特的节日优惠、附加服务或会员计划等方式，增加客户的黏性。客户想购买什么产品，首先就想到你。你当客户是朋友，你的朋友就会给你介绍更多的客户。客户生日，你送客户一张生日贺卡，客户会非常开心。客户生日，你的商品打个折让利给客户，通常客户也会再次购买你的商品。

4. 短视频裂变

短视频裂变就是让粉丝介绍新的客户。我们认为短视频裂变涉及以下几点。

(1) **吸引力的内容**：首先，短视频内容有吸引力，能够引起粉丝的持续兴趣和关注，粉丝就会推荐给朋友观看，从而其朋友也关注你。例如，你发了一个非常搞笑的视频，粉丝感觉有趣，就可能分享给好朋友观看，好朋友观看后也笑了，可能就会成为你的粉丝，关注你的抖音账号了。

(2) **推广和分享**：鼓励粉丝将你的短视频分享到他们自己的社交媒体平台和朋友圈，以扩大曝光度和吸引更多潜在客户。粉丝每一次分享短视频，都会显示你的账号，用户可以观看视频并关注你的账号。

(3) **付费礼品**：想要快速增加粉丝，快速让粉丝介绍新的客户，可以设置付费礼品。比如，粉丝每介绍 10 个客户关注，就赠送他一个小礼物。当然，这些小礼物需要短视频创作者自己购买，自己挑选有纪念意义的。

6.4 鼓励大家作出改变

有些时候，不是短视频账号难做，而是你太在意从前，又太在意将来，不去执行和落实。例如，很多人想到一个很好的商业模式，但不敢去尝试想到的模式，不敢去创业奋斗一两年，因为他们放不下目前的生活方式，心理上想改变，行动上没法落实。

人过了一定年龄，可能就没有动力去创业，去尝试自己的想法了，未来的机会也就越来越少。

因此，需要鼓励大家作出改变。一天 24 小时，8 小时睡觉，8 小时日常工作，还有 8

小时业余时间可以用于改变自己。这 8 个小时的业余时间，很多是碎片时间，但是现在人手一部手机，无论你是坐地铁，还是在外面吃东西，都可以随时随地学习抖音短视频创作。

例如，2023 年 12 月，有一个河北石家庄的抖音短视频创作者，凭着歌曲"不知道你是喜欢晴天，还是喜欢雨天"，再配上一个自创的舞蹈，7 天涨粉丝 358.9 万。

这个短视频创作者是一个驾校教练，白天努力工作，教学生开车。中午娱乐，开开心心跳舞蹈。晚上深情款款，教用户处理感情问题。

结果，他的三个账号中，中午的娱乐账号，因为他开开心心跳舞蹈，跳成了热门账号。他用好了闲暇时间，努力有了回报，成就了百万粉丝的账号。

6.5 把旧账号的粉丝引导至新账号

前面提到过，在做抖音账号前，我玩过台式电脑时代的博客，再到微博，积累了大量的原始粉丝，2020 年年初玩抖音时，微博账号有 50.7 万粉丝，可以引流到抖音账号，如图 6-1 和图 6-2 所示。

图 6-1

图 6-2

只需要告诉粉丝们，我在抖音账号也创建了账号，加上前两条抖音短视频的发布，这两条短视频加起来有 900 多万浏览，一周时间，抖音账号的粉丝量就增加到了 10 万。然后通过自己的努力，在抖音账号上发布短视频，通过原始粉丝的点赞、评论、收藏，再加上各种抖音大数据流量池的推送，吸引了很多观众观看、转发、收藏、评论。在抖音账号经营上，我一旦有时间，就会一一回复评论的观众们，经过几年的精心运营，目前抖音大号的粉丝达到了 100.3 万，如图 6-3 所示。在两年内破了百万粉丝，于是我们继续看好抖音市场，并开通了一个抖音小号，将大号的粉丝引流到小号。一年内，新的美食旅游探店小号的粉丝达到了 20.1 万，如图 6-4 所示。

图 6-3　　　　　　　　　　　　　图 6-4

如图 6-5 所示的短视频浏览量有 154.2 万。如图 6-6 所示的短视频浏览量有 766.4 万。

图 6-5　　　　　　　　　　　　　图 6-6

第 7 章 了解短视频数据，查看分析结果

7.1 短视频作品的数据分析

创作者可以用手机登录抖音官方 App 应用，在首页的右上角点击 ≡ 图标，然后在"抖音创作者中心"→"详情"中就可以查看自己创作的作品的各项数据了，数据中心的内容如图 7-1 所示。往下拖动，还可以查看"粉丝"和"收入"的数据，如图 7-2 所示。

图 7-1

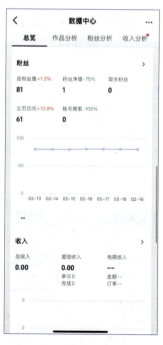

图 7-2

我们打开标题为"纯电车的快乐谁懂啊……"的短视频，查看该作品的数据详情，可以看到这条短视频的播放分析数据，包括播放量、完播率、平均播时长、2s 跳出率、5s 完播率等，如图 7-3 所示。

播放量趋势如图 7-4 所示。一个新的短视频出来后，前面 1～2 小时没有人观看，后面几个小时观看的人数越来越多，形成一个波动的播放量曲线。根据曲线可知，用户下班后，晚上睡觉前的播放量是最多的，高峰时间播放量达到 30 万。

图 7-3

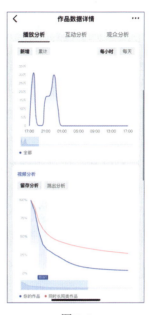

图 7-4

在播放分析页面往下拖动，可以看到"播放来源"，我们可以查看数据播放来源的渠道，包括个人主页、综搜页、关注页、推荐页、其他，如图 7-5 所示。点击"播放来源"，会显示"播放来源"对话框，对"播放来源"的内容进行解读，如图 7-6 所示。

图 7-5

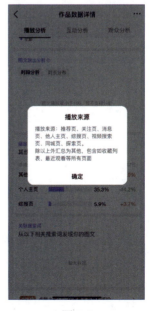

图 7-6

7.2 哪些用户喜欢你的短视频

在"数据中心"→"粉丝分析"中可以看到粉丝的性别、年龄和城市数据，如图7-7所示。

通过数据可见，男性粉丝占比87%，女性粉丝占比13%。年龄在31～40岁，来自广东的有60%，这个数据有什么用呢？例如，广告主看见主播的男性粉丝较多，主播发布的汽车短视频较多，刚好广告主做的产品是汽车雨刮，广告主就会根据主播的短视频类型、粉丝性别、粉丝年龄、粉丝城市的数据判断是否投放广告。

创作者想要盈利，可以考虑选择带货男性的衣服、饰品和美食等产品。

往下拖动，可以看到粉丝的城市分布，如图7-8所示，显示粉丝在广东、广西、福建、湖南、河南、江苏、浙江的占比，作者这个账号广东粉丝占60%。也就是说，广告主想要占领广东市场，可以找一些广东百万粉丝的抖音大V投放广告，即可将产品快速投入广东市场销售。

图 7-7

图 7-8

往下拖动，可以看到粉丝的设备和活跃度分布，如图7-9所示。从设备信息可以看到观众使用的是苹果手机还是安卓手机。从活跃度分布信息可以看到粉丝各个活跃度（低活、轻度、中度、重度）所占的比例。低活指的是偶尔来一两次的粉丝，重度指的是经常来观看的粉丝。

往下拖动,是对粉丝兴趣的分析,可以看到粉丝爱看视频的内容,主播可以借鉴粉丝爱看视频的内容,拍摄同类的短视频,提高账号的内容数量和质量,如图 7-10 所示。

图 7-9

图 7-10

在兴趣分布中可以看到粉丝最感兴趣的短视频内容,包括随拍、美食、汽车、社会、亲子、体育、剧情,如图 7-11 所示。根据粉丝感兴趣的内容,随拍、美食、汽车占了 80% 左右,作者可以拍更多排名前三的内容,以提高短视频的播放量。

想要做好短视频,我们需要关注短视频的数据,了解和分析观众和粉丝的喜好,并据此拍一些他们喜欢的短视频,这样才更容易逐渐打造出一万粉丝、十万粉丝、一百万粉丝的短视频账号。

抖音平台已经帮我们分析出了各种数据信息,为创作者节省了很多数据分析时间,创作者可以用更多的时间来创作。

图 7-11

第 8 章　吸引新粉丝，维护老粉丝

8.1 粉丝互动，沟通与关怀

沟通与关怀是人际关系中非常重要的两个因素。在任何关系中，无论是家庭、朋友、同事、恋人还是粉丝，良好的沟通与关怀都是建立健康关系的关键。

有时候我们看见一些大 V，很少跟粉丝互动，没有什么沟通与关怀，粉丝数就可能会从 10 万跌下去 9 万。

首先，沟通是关系中的基石。有效的沟通能帮助主播与粉丝建立相互信任的关系，并且可以更好地理解彼此的需求、想法、态度，减少误解和冲突。良好的沟通未必需要一直说话，但需要积极地倾听粉丝们的心声，尊重对方的意见。通过抖音短视频评论中的对话，主播与粉丝可以建立深层次的理解和联系。例如，粉丝评论留言，主播我想看你去某店铺探店的短视频，刚好某店铺又是很热门的店铺，那么粉丝要求探店，你去做了真的会提升流量。

沟通是说话，也是倾听。沟通也可以包括非言语的交流，例如评论中使用的表情包，这种方式能提供额外的信息，帮助我们更好地理解对方的真实感受。有效的沟通，可以换位思考问题，琢磨出一种双赢的沟通方式，你说得有理，他听得感觉舒服。

关怀是一种积极的态度，表示对他人的关心和爱护。一个关怀他人的人通常会表现出同情心、同理心和善意。关怀可以是主播关怀粉丝，也可以是粉丝关怀主播。关怀能够促进人与人之间的情感联系，增强彼此的信任感。例如，一个伤感类型的短视频，表现主播考试只考了 59 分，与及格都差 1 分，粉丝表达关怀之情，而主播就会发奋图强，努力考到更高的分数。

沟通与关怀，重要的是要真诚地相互关心，在能力范围内，相互提供支持和帮助，促进相互关系的健康发展。

维护粉丝跟存钱一样，你每次一有时间就与粉丝互动沟通，不仅粉丝会掉得少一些，有时还会增加粉丝。

在时间允许的情况下，对每一条粉丝留言都要回复，尽量花时间跟粉丝们互动，以此保证自己不会掉粉丝，而是持续上涨粉丝。如图8-1和图8-2所示，颖颖对每一条评论都很用心地回复。

图 8-1

图 8-2

8.2 吸引新粉丝，多谈热点话题

热门话题是大家当前所关心的内容，想要吸引新粉丝，可以多谈一些热点话题。在抖音热榜里面，我们可以看到热点榜、种草榜、娱乐榜、社会榜、挑战榜、深圳榜等内容，如图8-3和图8-4所示。目前热点榜第一名的标题是"漠河准备好迎南方砂糖橘了"，有1147万人关注这个话题。

图 8-3    图 8-4

根据数据可见，凡是上榜的内容，多则 1000 多万用户观看，少则 300 多万用户观看。只要有一次做出一个短视频被 100 万用户观看，粉丝数量至少会有数以万计的增长。

谈一谈"砂糖橘"这个热点话题。

如图 8-5～图 8-8 所示，4 个抖音用户都发布了"砂糖橘"相关的内容，他们的短视频点赞、评论、收藏、转发都非常高，说明发布热点话题可以获得新粉丝。根据数据可见，这 4 个抖音用户的"砂糖橘"视频，最多有将近 7.4 万人点赞，最少也有 1.9 万人点赞。

当然，如果你的账号专业做唱歌、跳舞视频，就不必强行插入这样的热点话题了。等到热门榜上出现唱歌、跳舞相关内容，刚好与你的抖音账号所做的内容相匹配，就可以借势吸引到大量的新粉丝。

图 8-5

图 8-6

图 8-7

图 8-8

8.3 维护粉丝群体，小礼物活动

为了维护老粉丝，主播可以考虑策划一些赠送小礼物的活动。例如，在星图广告赚了 5000 元，可以用 20% 的资金，即 1000 元购买一些小礼物赠送给粉丝。

1. 一些赠送小礼物活动的建议

(1) **制定活动计划**：首先，确定活动的时间、地点和预算。明确活动的目的是回馈老粉丝，增强他们的忠诚度，还是为了吸引新粉丝。如果小礼物只给老粉丝，新粉丝没有，就不会吸引到新粉丝。这样的话，规则可以设为老粉丝抽3次，新粉丝抽1次，兼顾新老粉丝，这样会得到新老粉丝的关注。

(2) **选择礼物**：选择适合你的粉丝群体的礼物，最好是与你相关、独一无二的，例如T恤、帽子、相片，这些礼物再加上你的签名，就是独一无二的，又有一定的纪念价值。以1000元的预算购买100件小礼物，就能够表达你对粉丝的感谢和关怀。

(3) **广告商免费提供礼物**：有时候，一些广告商愿意免费赞助100～200件小礼物。例如，笔记本、书籍、香水、项链等。这些都可以加上主播自己的签名，联名赞助商一起赠送给粉丝们。

(4) **宣传活动**：通过自己的社交媒体、电子邮件、短信等方式宣传活动。最主要的是社交媒体，例如抖音、朋友圈、微博等，提醒新老粉丝关注活动，并鼓励他们在自己的社交媒体上分享活动信息。1传2，2传4，4传8，很快就能传给几千个人知道了。还可以利用抖音DOU+宣传，这样宣传就更加到位了。

(5) **举办活动**：宣传活动通常在直播间直接举办，非常方便。主播在活动中需要让粉丝们感受到自己的感激之情，并穿插组织礼品赠送活动。

(6) **互动环节**：设置互动环节，让粉丝能够更深入地了解你的短视频内容，回顾这一年来，带过什么货。例如，邀请粉丝回答问题，分享曾经购买的产品，每半小时免费发放一些福袋等。

(7) **发放礼物**：在活动结束后，向每位抽到奖品的新老粉丝发放小礼物。确保礼物的包装精美，并附上一张亲笔签名的感谢卡，表达对粉丝们的感谢和祝福之情。最后将所有的小礼物快递到粉丝们的手中。

(8) **后续跟进**：此外，可能会有一些小礼物遗失或者漏寄出，要确保每一位抽中礼物的粉丝都可以拿到小礼物。虽然礼物价格不贵，但是很有纪念价值。

2. 线下直播活动实例

作者有一次参加某楼盘的线下直播活动，抽奖方式及兑奖链路包括榜一、抽奖流程、中奖选取、领奖流程、奖品，如图8-9所示。抽奖方式是直播间截屏抽奖。

如图8-10所示，达人正在直播，截屏给粉丝们抽奖。

第 8 章 ◆ 吸引新粉丝，维护老粉丝

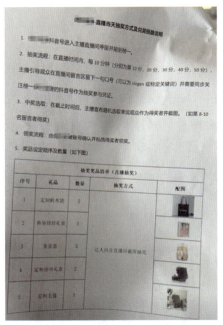

图 8-9

图 8-10

主播在现场直播前，要选好适合当天直播现场的服装。如图 8-11 所示，这是主播在直播前拍的一幅照片，穿着大方得体，并配备专业的话筒。现场拍摄的照片可以用来预热，分发到不同私域平台，如微博或者朋友圈，也可以用于抖音的直播封面。

如图 8-12 所示，在这个活动现场中，可以看到很多特色的蛋糕、水果。活动的老板安排得很有特色，食物摆放得很整齐，看上去非常美味。

图 8-11

图 8-12

8.4 付费涨粉丝，Dou+ 推广实现

抖音 DOU+ 是一种热门的付费推广活动。首先，Dou+ 根据自己的诉求选择对应的推广目标。例如，点赞评论量、粉丝量、主页浏览量、智能优化、小程序互动。对于粉丝量没有达到 10 万，无法开通星图的朋友们，在这里建议选择粉丝量，增加粉丝才能开通更多的盈利功能，如图 8-13 所示。

接下来，可以选择想要投放的视频，每次最多 5 个，投放带有推荐标的视频有机会获得更好的效果。如果想让某一个短视频上热门，选择一个短视频就足够了，如图 8-14 所示。

图 8-13

图 8-14

抖音 DOU+ 上热门，目前有两个套餐，分别是特惠套餐和基础套餐。特惠套餐 6 小时就可以提高 1500+ 的播放量，如图 8-15 所示。基础套餐 6 小时可以提高 4900+ 的播放量。

特惠套餐只需要 30 元，是新人优惠，详细可以阅读《DOU+ 服务协议》，如图 8-16 所示。

在《DOU+ 服务协议》里面，可以看到未满 18 周岁的学生，抖音有权拒绝为你提供进一步的服务，所以请不要充值。学生应该好好学习，先别急着做抖音账号。

第 8 章 ◦ 吸引新粉丝，维护老粉丝

图 8-15

图 8-16

8.5 增加曝光率，多参加活动、多拍短视频、多做直播

1. 增加曝光率的小秘诀

1）多参加活动

多参加活动可以增加你的曝光率，让更多的人知道你的存在。通过参与活动，可以与其他用户互动，增加关注度。参加一些实体活动，可以认识更多的同行，向他们学习更多的抖音运营知识。例如，参加一些线下活动时，另一个圈子的人通过活动认识了我。尤其现在是互联网时代，慢慢地改变着我们的交友方式，现实中的互动弥足珍贵，也更难忘。很多参加线下活动认识的朋友，友谊会更加牢固。

2）多拍短视频

在抖音短视频平台，视频质量、数量、更新频率都会影响粉丝增长，制作高质量、有趣、热门的视频内容更是涨粉丝的关键。除此之外，保持一定的视频发布和更新频率，让观众知道我们的账号是活跃的,让平台也知道我们的账号是活跃的,将有助于增加推荐的机会,增加粉丝。

3)多做直播

直播的特点是具有实时性、互动性和真实性等,能够吸引并留住观众粉丝。多做直播,能获得更多的宝贵经验。例如,直播多了,可以学会怎么找话题,怎么组织语言,怎么与粉丝们互动,怎么派发小礼物,什么场合穿什么服装,怎么打造个人特色的直播间等。直播和视频是相辅相成的,如果发现短视频流量比预期好,或者浏览量很高,也就是我们俗称的"爆了""火了",不要犹豫,立刻直播,这样直播+视频双管齐下,会使我们的视频浏览量更高。一定要趁视频火热的时候,赶紧直播,捉住涨粉的机会!

2. 增加曝光率的例子

(1) **自驾西藏游活动实例**:如图8-17所示,作者参加西藏自驾游活动"此生必驾318"。图8-18所示为参加活动的主播在318路牌合照。

图 8-17　　　　　　　　　　　　图 8-18

这类活动的分享也是与粉丝互动的一种。运营抖音账号,维护粉丝很重要,平时给粉丝推送广告,广告需要粉丝的支持,但不能放太多的广告,偶尔也需要分享一些日常活动,满足粉丝的好奇心,给予粉丝情绪价值。比如,"此生必驾318"活动蛮火的,也算自带流量,会引起很多人的共鸣和向往,所以哪怕是7张图文的微博,也能做到单篇1 100多万的浏览量。而所有平台都会有一些联系,我的抖音账号也有很多粉丝是微博转过来的,所以微博运营得好,抖音自然也会有流量,1100多万浏览量的微博内容如图8-19所示。11万浏览量的微博内容如图8-20所示。

(2) **神农架媒体活动实例**:如图8-21所示为作者参加媒体人的神农架活动。神农架的雪天,真可谓"北国风光,千里冰封,万里雪飘。"雪后美景如图8-22所示。

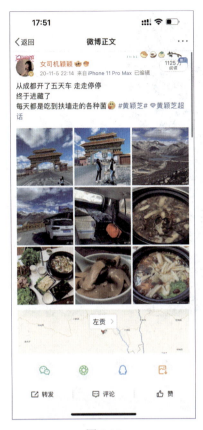

图 8-19

图 8-20

图 8-21

图 8-22

（3）摄影活动实例：作者为了参加摄影活动，特意减肥了几天，就是为了在摄影活动中，能够把自己最美地展示给摄影伙伴和他们的粉丝，如图 8-23 和图 8-24 所示。

图 8-23

图 8-24

(4) **红酒活动**：参加某品牌红酒的派对活动，现场的气氛非常好，如图 8-25 和图 8-26 所示。

图 8-25

图 8-26

(5) **直播活动实例**：如图 8-27 所示，作者参加某汽车品牌现场直播，现场装饰得非常漂亮。在抖音直播前，设计了直播海报，活动前给粉丝们预告汽车活动时间，方便在私域平台进行宣传，如图 8-28 所示。

第 8 章 • 吸引新粉丝，维护老粉丝

图 8-27

图 8-28

8.6 签约 MCN 机构，培训、包装、推广、盈利

1. 什么是 MCN 机构

MCN 机构的英文全称是 Multi-Channel Network，中文意思是"多频道网络"，它是一种新型的网红经纪运作模式。

MCN 机构的基本操作是将内容创作者联合起来，在资本支持下，保障内容持续输出，从而实现商业稳定盈利。因此，MCN 机构被称为网红孵化企业，被视为内容创作者的公司型管家、网红经纪人、网红中介机构。

抖音 MCN 机构是一种经济运作模式，本质是对网红进行包装定位，并通过资本和团队的支持，帮助网红快速生产内容，帮助网红增加知名度、粉丝数，从而增加商业广告的订单，实现盈利。

MCN 机构的运作模式源自国外成熟的网红经济运作模式，在国内逐渐发展壮大，成为我国数字媒体行业的重要组成部分。MCN 机构简单地说就是网红中介公司，MSN 机构通过策划、定位、包装、推广、内容分发、招商等服务，将单一的视频创作者包装成网红，通过招商将之前投资网红的钱赚回来。

例如，MCN 机构投资了 10 个网红，每个网红的策划、定位、包装、推广、内容分发共花了 5000 万元，也就是平均在每个网红身上花了 500 万元。当有 6 个网红被捧起来后，给公司带来了 6000 万元的广告收入，MSN 机构就可以回本了。还有 4 个网红捧不起来，这 4 个网红就不再投资了。而是将赚到的钱集中投资 6 个热门的网红，使这 6 个网红更加热门，接到的广告更加高价。

2. MCN 和公会的区别

抖音 MCN 机构以拍短视频为主，MCN 机构的达人可以承接广告拍摄业务。

抖音公会以直播为主，抖音的达人不可以承接广告拍摄业务。

MCN 机构与创作者、内容提供商进行合作，将其内容发布到不同的平台，通过运营手段、推广方法等，增加短视频内容的曝光度和影响力。

MCN 机构通常会为创作者提供一连串的服务，例如内容策划、拍摄、制作、后期美化、发布、广告宣传单、营销、接单、盈利等，帮助网红实现商业目标和发展规划，共同发展，共同赚钱，互惠互利。

抖音公会都有营业执照，通常是网络技术公司、文化传媒公司。创作者加入抖音公会后，主播可以直接开启直播功能，并且公会主播通常享受高于个人主播的分成比例。同时，公会内的所有成员可以互相转发、互相点赞、互相关注、互相创作视频，通过互联网传播扩大品牌影响力，公会主播之间可以互动，从而带来更多的流量、粉丝、曝光机会和合作机会，同时也可以提高企业的品牌知名度和销售额。当然，签合约时需要详细查看合约的内容，有的公会进去容易，离开时就很难。

3. MCN 培训内容有哪些

（1）短视频创作：学习如何制作高质量的短视频，包括剧本编写、拍摄技巧、后期制作等方面的知识。

（2）直播运营：了解如何进行直播内容的策划、推广和运营，包括直播间布置、直播互动、流量获取、小礼物赠送、直播 PK 等方面的技巧。

（3）社交媒体营销：学习如何利用社交媒体平台进行品牌推广和营销，包括内容创作、平台选择、数据分析等方面的技能。

（4）电商带货：了解抖音电商平台的运营规则和带货技巧，包括选品方法、商品展示、促销活动、价格优惠等方面的知识。

（5）粉丝持续增长：学习如何吸引并留住目标用户，包括用户头像分析、用户名称分析、用户体验优化、怎么说用户喜欢听的话等方面的技能。

(6) 数据分析：学习如何利用数据分析工具对新媒体数据进行分析，以便更好地策划新的内容，并从数据分析中得出用户的喜好，以便调整短视频运营的策略。

(7) 法律法规：了解新媒体行业的法律法规和规则，避免出现侵权和违规行为。例如，在直播中骂人，严重的话可能会禁播，影响自己和 MCN 机构的收入。

(8) 实践案例：除了培训上面知识性的内容外，MCN 机构还会让网红直接参与一个案例的全程实践，使其对直播或短视频的制作过程有基本的了解。通过第二个案例的全程实践，提高网红的实际操作能力。通过第三个案例的全程实践，网红就有了经验和技巧，完全可以独当一面。最后，网红可以一个人接商单，那么这个网红就可以毕业了。

4. MCN 包装和推广

(1) 内容创作：MCN 机构可以提供专业的创作团队，协助内容创作者或网红制作高质量的内容，包括视频、直播、图文等。同时，MCN 机构可以提供内容策划和制作的整体方案，根据市场和用户需求，打造符合品牌定位和形象的短视频内容。

(2) 营销推广：MCN 机构可以通过自身的渠道和资源，为内容创作者或网红进行多渠道的营销推广，包括社交媒体、广告平台、电商平台等。同时，MCN 机构还可以提供数据分析服务，帮助内容创作者或网红了解用户需求和市场趋势，制定更加精准的营销策略。

(3) 商业盈利：MCN 机构可以帮助内容创作者或网红实现商业盈利，包括广告分成、品牌合作、电商销售、直播带货等形式。同时，MCN 机构还可以通过与短视频平台合作，与其他 MCN 机构合作，获取更多的商业机会和资源，也可以进行资源互换，为内容创作者或网红创造更多的商业价值。

(4) 形象打造：MCN 机构可以帮助内容创作者或网红打造自己的整体形象，通过专业的形象设计和公关服务，提升其在用户中的知名度和良好形象。例如，有的网红适合唱歌路线，就打造歌手的形象和选择音乐风格；有的网红适合学习路线，就打造读书、学习和专业的形象。

(5) 公关：MCN 机构可以提供危机公关服务，帮助内容创作者或网红应对各种突发情况，维护其品牌形象。公关的常见做法是：MCN 机构手头上必须有各种重大新闻，当网红有突发情况，成为不好的热门话题时，用其他更重大的好新闻制造热点话题，将不好的热门话题降下来。例如，一个网红在直播中骂人，成为热点。MCN 机构就可以将某某网红准备结婚了，某某网红准备出新歌曲了，某某网红准备举行粉丝会等宣传成热点话题。总之，要将不好的热点话题压下来。使用更重大的好新闻来压下负面新闻，这是一种常见的公关策略。

5. MCN 盈利

MCN 机构作为连接内容创作者和平台的桥梁，通过孵化、签约、代运营等方式，将优质内容转换为有商业价值的内容。以下是 MCN 盈利常见的几种方式。

（1）广告盈利：MCN 机构通过孵化或签约达人的 IP 账号，在粉丝达到一定量级后，获得平台给予的品牌与商品广告单。以相应的粉丝量级对应相应的价格，从而实现广告盈利。

（2）电商盈利：MCN 机构通过孵化或签约达人的 IP 账号，在联盟中选中 MCN 签约达人推广产品。通过拍摄视频、电商直播、图文推广等多种形式投放到平台引流销量，根据销量，达人账号抽取佣金，从而实现电商盈利。

（3）代运营盈利：MCN 机构利用自身在平台的扶持权益，对企业号、个人号、品牌号等机构外达人 IP 进行视频、直播、图文以及多平台的投放运营，从而获取代运营收益。

（4）实体炒作盈利：MCN 机构通过旗下优质的账号 IP，对线下实体店、线下知名活动进行相关的炒作活动，从而提高实体店曝光度和知名度来获取收益。

（5）平台补贴：有些平台会给签约的短视频内容创作者一定的补贴，MCN 机构可以帮助内容创作者申请这些补贴，从而获得一定的收益。例如，内容创作者每天发布两条以上短视频，一个月发布 60 条短视频，创作者可以获得 4 000 元的生活补贴。如果不签约 MCN 机构，就没有这些基础补贴。

（6）出售网红：MCN 机构 A 花了 100 万打造的网红火不起来，签约了 5 年，合约还剩余 4 年。但是 MCN 机构 B 看中了这个网红，觉得他们可以把这个网红包装成热门，于是花 200 万从 MCN 机构 A 购买了这个网红。MCN 机构 A 回本并且赚钱了，还将风险转移给了 MCN 机构 B。

6. MCN 机构和主播之间怎么分成

MCN 机构和主播的分成比例没有固定的说法，具体的分成比例取决于多个因素，包括平台、MCN 机构、主播之间的合作关系、内容类型、主播本身的价值等。

一般来说，MCN 机构和主播之间的分成在平台分得佣金之后进行。MCN 机构会根据主播的表现和合作协议中的条款给主播一定比例的收益。具体的分成比例可能因机构和主播之间的合作协议而有所不同，一般在 30%～70%。例如，MCN 机构获得 10 万元广告佣金，税后是 8 万元，主播可以获得 30%，那么主播就可以获得 2.4 万元佣金的分成。

一些知名主播或优质内容创作者，可能粉丝量达到 1 000 万，知名度很高，可能就会获得更高的分成比例，以此鼓励他们创造出更多优质的短视频内容，并且愿意与 MCN 机构长期发展。

另外，有些平台可能会制定相关的政策来规范 MCN 机构和主播之间的分成比例，以确保公平和合理的收益分配。例如，MCN 机构获得 10 万元广告佣金，税后是 8 万元，主播可以获得 1%，主播只可以获得 800 元佣金的分成，明显不公平和不合理。

不公平和不合理的问题出现，最终网红工作没动力，MCN 机构不能获得更多收益，广告商下一次也不找他拍广告，盈利困难。最后，大家都没有收益。

总之，MCN 和主播的分成比例是一个比较复杂的问题，需要考虑很多因素。在制定分成比例时，MCN 机构和主播应该充分考虑合作协议、内容质量、短视频数量、直播时间、平台政策等因素，以达成公平和合理的分成协议，只有合理分成才能共赢。

第 9 章 直播盈利：粉丝小礼物打赏

9.1 直播打赏，基础盈利

直播打赏是一种观众自愿付费的行为，观众可以根据自己的预算选择送礼的数量和种类。

1 元等于 7 个抖音币，7 个抖音币可以购买虚拟物品，然后打赏给主播。依据直播平台的不同，通常是五五分成。例如，直播时收入 10 元，主播可以分 5 元，平台可以分 5 元。

直播内容可以是唱歌、跳舞、玩游戏、探店吃美食等，有一些常用语还是需要学习的。直播需要学习的常用语：

- 谢谢（某某）大哥送的礼物。
- 非常感谢（某某）大哥的大礼物。
- （某某）大哥太给力了，谢谢你的支持，我会努力的。
- 谢谢（某某）大哥的持续支持，我会继续努力的。
- 感谢（某某）大哥送的火箭，让我感受到了你的热情。
- （某某）大哥送的礼物已经收到了，非常感谢你的大气。
- 谢谢（某某）大哥的礼物，让我感到非常快乐。
- 欢迎（某某）大哥来到直播间。

"某某"可以用上赠送礼物的大哥昵称。例如，昵称是林富荣，男性，就可以说"谢谢林富荣大哥送的礼物"；昵称是黄颖芝，女性，就可以说"谢谢黄颖芝美女送的礼物"。

1. 抖音的充值

抖音的充值页面如图 9-1 所示，可以查看到 1 元 =7 钻，其他金额都按这个比例换算得到。以前称为抖币，现在已经改名为抖钻。自定义金额页面如图 9-2 所示，可以看到手动输入 2 元 =14 钻。

第 9 章 直播盈利：粉丝小礼物打赏

图 9-1   图 9-2

2. 抖音的常见礼物

抖音的礼物分为礼物、互动、粉丝团、等级、背包 5 栏。

"礼物"栏里面的礼物，指用户在抖音平台上可以向其他用户赠送的虚拟物品，大部分的礼物都在这个界面里，用户上下滑动可以看到更多的礼物，如图 9-3 所示。

"互动"栏里面的礼物，指在抖音应用内的互动活动中，主播可以获得的虚拟礼物，在直播间中主播也可以向其他用户赠送礼物，主播与主播之间可以两个人共同参与挑战活动，如图 9-4 所示。

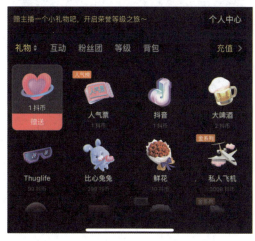 

图 9-3   图 9-4

"粉丝团"栏里面的礼物，通常是专属的，只有加入某个主播的粉丝团后才能购买和使用。不同等级的粉丝团可以购买不同等级的礼物，高等级的礼物通常需要时间和金钱获得，如图 9-5 所示。例如点击选中"人气票"后，显示"赠送"按钮，由于当前有 2 个钻，大于人气票的 1 个钻，因此"赠送"按钮为红色，如图 9-6 所示。

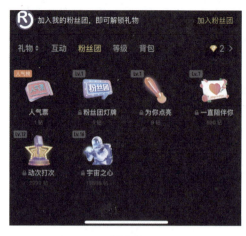
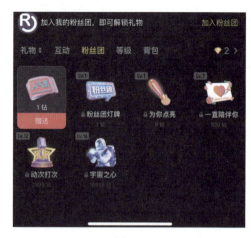

图 9-5　　　　　　　　　　　图 9-6

"等级"栏里面的礼物,指用户在抖音平台上通过消费、完成任务、累积时长等方式获得的等级奖励,观众等级达到25级可以购买荣誉之匙,观众等级达到32级可以购买欢乐源泉,观众等级达到41级可以购买云上巡礼,观众等级达到51级可以购买造梦工厂。用户能够购买相应"等级"的礼物代表其身份,如图9-7所示。例如点击选中"荣誉之匙"后,显示"赠送"按钮,由于当前只有2个钻,不足388个钻,因此"赠送"按钮为灰色,如图9-8所示。

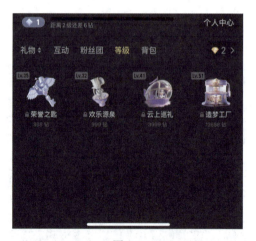
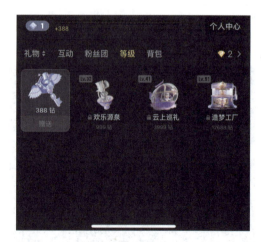

图 9-7　　　　　　　　　　　图 9-8

"背包"栏里面的礼物,是指直播用户在抖音直播中获得的礼物,这些礼物可以在"背包"栏中查看、使用、赠送和盈利。具体来说,观众在直播间中可以向主播赠送礼物,主播收到的礼物会以虚拟的形式展示在直播界面上,并且会在用户的背包中生成一份记录。主播可以将背包中的礼物留作自己使用,也可以在直播间中赠送给其他参加直播的观众,还可以通过这些礼物盈利,如图9-9所示。点击"查看记录"按钮,可以看到详细的背包记录,每个月的记录都可以查看到,如图9-10所示。

图 9-9

图 9-10

9.2 户外唱歌跳舞，引流实体市场

2023—2024年，在户外可以看到很多直播主播唱歌、跳舞。在原先没有什么人气的实体市场，可以通过引入直播主播，让实体市场人气大增，市场也显得景气和兴旺，很有节日的味道。

1. 直播时需要考虑的因素

1）观众的兴趣和爱好

主播需要了解自己想要直播的地区观众的兴趣和爱好。例如，一些地区的观众可能更喜欢听流行歌曲，而另一些地区的观众可能更喜欢怀旧歌曲。同理，不同地区的观众对所跳的舞蹈的喜欢程度也有所不同。

在一个喜欢听流行歌曲的地方唱怀旧歌曲，观看的用户可能就会很少。同理，在一个喜欢听怀旧歌曲的地方唱流行音乐，观看的用户可能就会很少。

2）直播场地

唱歌跳舞，在家里直播，还是在户外直播更好呢？在家里直播，只能吸引短视频平台的用户观看。在户外直播，不仅可以吸引短视频平台的用户，还可以吸引路人观看。

3）合作与推广

并不是所有的户外场所都可以直播，有一些户外场所与主播有合作关系，可以利用直播活动活化实体市场经济。

他们之间的合作是相互的。实体市场需要利用一些主播来活跃气氛，主播的名气和粉丝也需要通过一些活动来增加。人们出来逛街消费，可以一边消费，一边看主播唱歌跳舞。

4）直播预告

直播预告非常重要。一些主播的粉丝都有 1 万多了，但是每一次直播开始的时候都没有什么人气，这就是因为没有做直播预告。

直播预告是主播在直播之前告诉粉丝朋友们，你几月几号几点至几点，会在什么地方做直播节目，直播内容是什么。感兴趣的观众或粉丝就会安排好自己的计划，到时候通过手机或者到现场观看你的直播。这样的预告操作可以使你线上和线下都有满满的人气。

5）直播盈利

户外唱歌跳舞的主播主要收入有 3 种：直播间粉丝的打赏、实体市场支付费用邀请主播来直播、直播时插播广告。

2. 作者的感想

如图 9-11 和图 9-12 所示，这一条短视频是我 100 万粉丝账号的第一条户外拍摄的短视频，发布后点赞有 2.4 万，播放量有 154 万，评论有 2360 条，收藏有 262 个，转发有 1549 次。

图 9-11

图 9-12

在户外直播，未必只有唱歌跳舞才能引流实体市场，也可以在户外拍摄一些汽车，讲解汽车的品牌、颜色、性能等。记得有一个买卖二手车的大 V，经常在路面直播，讲解各种豪车的价值、出场的年份、汽车的保值率等，就有几万人在线看他直播。

我当时也没想到直播可以成为热门，甚至还不懂什么叫热门，只是用心做了一些短视频和直播，而且每一个短视频和直播都是开开心心、笑容满满的。记得那时，是抱着尝试一下的态度去拍抖音视频的，但在这条视频之前，我并不是车评人，也没有从事跟车子有关的工作，如果只是用专业说车的方法来介绍这台车，其实是没有说服力的，说车毕竟是属于垂直和专业领域的，所以我想尝试从另一个角度，用通俗易懂、搞笑幽默的方式去说。由于这次直播与传统的说车节目不一样，抖音的观众是喜欢看到这种创新的说车方式的，流量也说明了这些，这条视频也为我以后的视频奠定了主播的基础风格，让我在很短时间内做成了汽车垂直号。

从图 9-12 可以看到，这次的直播节目总的浏览量有 154.2 万。

9.3 美味美食直播，引流店铺

随着直播的发展，一些美食店的老板也转变了思维，会邀请粉丝比较多的主播来品尝美食，为自己的实体店打广告。

美食直播是一种通过网络直播平台实时展示制作美食和品尝美食过程的直播形式。美食直播通常包括主播展示食材、介绍烹饪方法、现场烹饪美食以及与观众互动等环节。美食直播在近年来非常受欢迎，吸引了大量主播和观众的参与。

1. 美食直播模式

(1) 餐厅老板：制定一个套餐的菜单。

(2) 主播：可以免费试食。

(3) 合作：餐厅老板支付费用邀请主播到餐厅试食，主播在餐厅内直播自己试食的过程。

(4) 直播中：主播需要试食套餐中的每一款食品，每一样食品先展示给粉丝观看，并在试食过程中给出一些意见和评价，以此帮助店铺引流顾客。

(5) 直播完成：直播 2～3 小时，一场美食套餐直播估计就差不多完成了，可以引流到店铺。在直播的过程中，还可以收到粉丝的小礼物打赏。

(6) 剪辑成短视频发布：除了在餐厅直播外，主播还可以将直播的内容剪辑成几段 30 秒以内的短视频发布到自己的账号上。这样既可以帮助餐厅老板推广，引流顾客到店铺，又可以让其他餐厅知道你有这一项美食直播的推广服务。

2. 作者的感想

美食直播是我比较熟悉的领域。在做抖音前，我也做过几年电视台美食节目主持人。俗话说民以食为先，尤其是广东人，对美食的热爱是刻在骨子里的。在汽车号做到一百万粉丝后，我想更融入生活，于是就做了个美食探店号，尤其后面抖音开始推广各种美食团购，更让我有了施展拳脚的地方。汽车垂直号需要相对专业的知识，毕竟汽车的知识点挺多的，但美食直播就是泛流量，只要你爱好美食，或者有自己对美食的见解，有自己想法，并且喜欢分享，就可以随时随地拿着手机分享美食。在抖音做美食主播的门槛也很低，只要 1000 粉丝就可以入驻成为团购达人，分享美食拿佣金。美食账号真的可以做到全民达人。区别可能就在于大家的浏览量或者团购销量不一样，例如我的 20 多万粉丝的美食探店号，大约有 1000 多个点赞，10 多个评论，10 多个收藏，转发有几十个至几百个不等。

对于很多 1000 粉丝刚入门的团购达人来说，在探店品尝美食的同时，还能获取佣金。这真是一个美好的时代，让每个有梦想的人都有机会实现自己的梦想。

如图 9-13 所示为佛山羊肉煲的探店直播和短视频——冬天第一煲羊肉煲。

如图 9-14 所示为广州东北菜的探店直播和短视频——99 元团购餐。

图 9-13

图 9-14

如图 9-15 所示为广州粤菜的探店直播和短视频，粤菜适合商务宴请。

如图 9-16 所示为佛山火锅的探店直播和短视频，穿上特色的衣服，再吃上在佛山的重庆火锅，真是太美了。

图 9-15

图 9-16

9.4 游戏直播，引流游戏

游戏直播是一种通过直播平台实时展示主播操作或者解说电子游戏的过程，教导观众怎么玩游戏，以此来吸引观众观看和互动。

近年来，随着电子游戏的普及和网络技术的发展，电竞游戏也入选亚运会，包括 8 个电竞游戏项目：LOL 英雄联盟、王者荣耀、和平精英、刀塔 2、炉石传说、梦三国 2、街头霸王 5、FIFA Online 4。

游戏直播已经成为一种全球范围内广受欢迎的娱乐方式。如果需要直播游戏，那么最好选择亚运会可以参赛的游戏项目。

有时候，游戏直播盈利不了，但是如果你玩得非常出色，也许会被电竞教练选中，成为职业选手。

如果你玩游戏，说话又很搞笑，那么做游戏直播主播，人气也会不错。游戏直播行业有一个大 V，说话就很搞笑，坚持直播了多年，成为游戏主播一哥，目前有 5000 万粉丝。

游戏直播是一种充满娱乐性、互动性的直播形式，游戏主播可以让观众欣赏到精彩的游戏过程和解说，游戏主播通过解说提供实用的游戏技巧、出装方法等。

通过游戏主播的展示和讲解，观众可能会购买虚拟的游戏物品，比如游戏主播的游戏人物服装，观众觉得好看，就有可能会去购买。

1. 游戏直播运营模式

（1）游戏老板：开发了一款游戏，人气不旺。

（2）主播：娱乐地玩游戏，直播玩游戏，通常在晚上 7 点至 11 点直播。

（3）合作：游戏老板给主播支付月薪，要求主播玩指定游戏，还是在晚上 7 点至 11 点直播。

（4）主播：在直播中，主播可以一边学习这款新游戏，一边教玩家怎么玩，怎么领免费的装备，游戏人物怎么出装。直播一个小时也就玩 3 把至 4 把游戏，直播 4 个小时玩 12 把至 16 把游戏。

（5）直播完成：直播 4 个小时，主播可以唱一首歌，或者听一首歌，让所有人放松一下，准备下播。

（6）剪辑：除了直播外，还可以将直播的精彩内容剪辑成一些短视频，发布到自己的账号上。让用户观看精彩的内容，并且学习。主播可以将大量的新用户引流到游戏，使得游戏成为热门。

2. 作者的感想

记得当时王者荣耀流行的时候，某大仙是首批游戏主播，他的解说是搞笑风格，观看他的直播非常开心，可以减轻工作压力。

在一段直播访谈中，某大仙谈到从开始直播起，已经 7 年没有回老家过年了，大年三十都在直播。现在他已经是一个拥有 5000 万粉丝的主播，每天都在直播，非常忙碌，但很有成果。他获得了一个抖音 5000 万粉丝成就纪念品，非常难得。在王者荣耀中，他使用姜子牙极限守家，拿下五连绝世，如图 9-17 和图 9-18 所示。

图 9-17

图 9-18

王者荣耀的主播某白挑战333连胜，成功获得吉尼斯认证，他的抖音账号有263万粉丝。他直播的时候，基本没有露过脸，非常神秘。他现在已经成为KPL职业战队的老板，希望某白哥的战队可以获得KPL冠军，如图9-19所示。

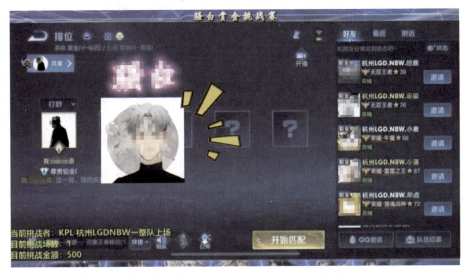

图 9-19

一般游戏直播每小时大约可以玩2～4盘排位比赛，主播一晚上直播3～4小时，大约可以玩7～16盘游戏。直播玩游戏，加上解说出装，解说游戏思维，时间过得也是挺快的。

每个游戏主播都有一个梦想。在游戏过程中，主播有可能找到自己的职业发展方向，有的可以往大主播方向发展，有的可以往职业方向发展，有的可以往直播带货的方向发展。

9.5 直播带货，获得丰厚的利润

抖音的直播带货是一种通过抖音平台直播，在直播间里面推销商品的销售方式。主播在直播中展示商品、介绍商品的功能及其价格，吸引观众购买。

观众也可以按着价格和产品的图片去其他的平台比价，会发现直播带货的价格比较优惠，有些产品还需要抢购。

直播带货已经成为电商行业的一种重要销售方式。抖音是最早开始直播带货的，它是直播带货用户量最高的平台，也是直播带货最热门的平台。

直播带货是最直接的盈利方法，也是盈利最快、盈利最多的渠道。抖音直播带货需要主播具备专业的知识和技能，需要花时间去了解所销售的产品。

在直播讲解的过程中，主播需要与观众进行互动，加强沟通。这样，才能在竞争激烈的直播带货市场中脱颖而出，实现销售增长。

我们来看一个主播的带货方式。例如，一瓶酒的市场销售价格是 1888 元，主播说这瓶酒的市场销售价格是 1888 元，你们可以自己去市场看一看销售价格，在我们这里买一瓶大的，送一瓶中的，再送一瓶小的，价格不变。就这样，实惠的价格吸引了一些观众关注主播。

经过一段时间的直播带货销售，这款酒的直播销量不错，主播获得了收益，购买的观众也获得了优惠，厂商提高了产品销量，抖音平台获得了抽成，四方都获得利益。

1. 抖音直播带货的建议

（1）**选产品**：选择符合自己风格和能提供优惠的商品进行直播带货。主播需要提前了解商品的外形、功能、质量、价格、保质期和保修期等信息，确保在直播中能够准确地介绍商品，快速解答观众问的问题。主播选的商品最好是不需要售后服务的，节省售后的时间可以做更多售前的工作。例如，U 盘就没几个会坏的，而且如果 U 盘坏了，大品牌 U 盘都可以个人送修，主播不需要花时间做售后服务。

（2）**直播前的准备**：在直播前，主播需要做好充分的准备工作。在衣着方面，要配合需要销售的商品。例如，你穿着 A 品牌的服装，直播销售 B 品牌的服装是不行的。如果主播都不穿 B 品牌的服装，B 品牌的服装还能买吗？在化妆方面，主播仪容要干净、得体、整洁。每一次直播都要精神抖擞，干净地出现在观众面前，显得很尊重观众，很重视每一次的直播。在直播软件和硬件方面，主播需要检查网络设备、手机设备和直播背景，确保直播能够顺利进行。

（3）**直播中互动**：在直播过程中，主播需要与观众进行互动，提高观众的参与度和黏性。可以通过回答问题、抽奖、发放优惠券等方式吸引观众的注意力。

（4）**商品展示**：主播需要充分展示商品的外形、功能、优点和价格，让观众对商品有更深入的了解。可以通过实物展示、现场开箱、使用技巧、功能特色、对比评测等方式进行展示。例如，销售的是一个固态硬盘，卖点是外形和速度，那么在直播过程中，可以多展示 U 盘的外形，正面、反面、侧面、背面都展示给观众观看。对于固态硬盘的速度，可以现场使用电脑拖动一些大文件给观众展示一下，让观众知道速度究竟有多快，比如 M2 固态硬盘每秒高达 7450MB 的读取速度。

2. 直播带货的收入方式

（1）**商品销售利润**：主播通过直播销售商品，可以获得商品销售的一部分利润。通常来说，主播与合作商、直播带货平台合作，会获得销售提成或佣金。这种方式，意味着主播销售的商品越多，获得的利润也就越高。

（2）**出场费用**：主播直播销售商品，利润是不与主播挂钩的。主播只收取合作商、直播带货平台的出场费用。此类直播一场需要 1～4 小时不等。

(3) 广告合作收入：抖音直播平台上的主播通常会与广告主合作进行品牌推广或产品广告。主播通过在直播中展示品牌或产品吸引观众的关注，并获得广告费用。一般是广告主在直播，抖音大 V 出现在广告主的直播间即可。此类直播一场需要 10 分钟至 4 小时不等。

(4) 礼物打赏收入：观众在观看直播时，可以购买抖音币，再购买小礼物，赠送给直播的主播。主播收到虚拟的小礼物，可以将虚拟的小礼物兑换成现金收入。观众打赏的小礼物越多，主播获得的收入就越高。

(5) 粉丝经济收入：主播在抖音直播中积累了一定数量的粉丝，可以通过粉丝经济获得收入。主播达到 1000 粉丝，可以在抖音平台中开通 1000 粉丝的盈利功能。主播达到 1 万粉丝，可以在抖音中开通 1 万粉丝的盈利功能。粉丝数量越高，能够开通的盈利功能就越多。

(6) 合作机会：在直播带货的过程中，除了当前的广告主合作外，还可以吸引更多的广告主来找主播合作。每一次直播带货都是一个直播案例，可以为主播带来直播带货的宝贵经验，也是吸引更多的广告主与主播合作的机会，同时可以获得直播带货的收入。每一个主播合作直播带货的分成也是不一样的。例如，直播带货一种零食，市场价格是一袋 20 元，直播带货价格是一袋 15 元，每销售一袋零食，商家可能会分成 1 元至 5 元给带货的主播。至于谈到的分成是多少，就要看主播的能力了。也有一些小主播，为了拿下大品牌的商品合作机会，首次合作不需要分成。第一次带货该品牌成功，后续该品牌的商家就会继续找这个小主播合作，进而获得更高的分成。

总之，主播通过抖音平台直播带货可以赚到钱，主要取决于主播的影响力、专业技能和市场需求等因素。主播通过不断努力学习和实践，成为优秀、专业的主播，就可以在这个带货领域获得更多的收入。

3. 作者的感想

直播带货是抖音运营的快速盈利通道。直播带货的高手都具备大量的粉丝，拥有优质的商品，并且拥有提供优质售后服务的能力。

记得前段时间，有个粉丝留言给一个直播带货的大 V，说他卖的产品贵。大 V 回复："有的时候找找自己的原因，这么多年了工资涨没涨，有没有认真工作？"这句话火遍了所有的短视频平台。

想起这句话，就想起自己以前几千块工资，还要加班。老板年年说公司业绩不好，却可以买车、买房、换车、换房。自己努力工作，还真没涨多少工资。

自从认识了抖音，学习了抖音，结识了抖音平台上的朋友，共同学习，共同进步。努力的方向好像正确了，既赚到了比工资多的钱，也帮助企业提升了业绩。

唯一后悔的是，做抖音平台好像做得晚了一些，但是我会努力的，勤能补拙。

主播颖颖没有做过直播带货，偶尔会在直播带货朋友的直播间出现。直播带货有时候商家会将一些品牌没有保障的退换货商品寄给粉丝，粉丝收到损坏的商品或者二手商品，就认为主播是一个销售假货的主播。由于商品是商家直接寄出的，通过主播在直播中销售，主播完全看不到寄出的商品。直播中可能是完好的商品，商家寄出去的却是退换货商品，主播完全无法监管，存在风险，因此颖颖不做直播带货。

9.6 4种直播方式

抖音目前提供了4种直播方式，包括视频直播、语音直播、手游直播和电脑直播。

1. 视频直播

进入抖音App，在"我"→右上角 图标→"抖音创作者中心"→"开始直播"中就可以看到"视频"直播，如图9-20所示。

点击"开启位置"，可以显示位置，这样就可以让更多同城/附近的人看到你的直播，如图9-21所示。

点击"谁可以看"，可以设置谁可以看你的直播，选项包括：公开：所有人可见、不给谁看、部分可见、朋友：互相关注朋友可见、试播，如图9-22所示。

图9-20

图9-21

图9-22

点击"选择直播内容",可以设置你的直播内容,直播内容的选项有:音乐、舞蹈、聊天互动、户外、文化才艺、美食、知识教学、其他,直播时选择匹配的直播内容,才能更好地引流,如图9-23所示。

在直播过程中,抖音直播主可以实现盈利,点击"更多盈利",就会显示更多盈利的内容,包括商品、团购、小程序、游戏、小游戏、付费直播等,通过这些盈利方式就可以设置商品橱窗、挂小黄车的功能,如图9-24所示。

有一些直播,主播唱歌非常好听,就可以设置直播门票的价格,用户试看3分钟,用户购票后就可以全程观看完整直播,如图9-25所示。

图 9-23

图 9-24

图 9-25

2. 语音直播

进入抖音App,在"我"→"更多功能"→"抖音创作者中心"→"开始直播"中,可以看到"语音"直播,默认是聊天室的语音直播,如图9-26所示。点击"主题背景",可以设置主题背景,如图9-27所示。

图 9-26

图 9-27

如图 9-28 所示为 KTV 唱歌的语音模式。如图 9-29 所示电台直播的语音模式。

图 9-28

图 9-29

3. 手游直播

进入抖音页面，在"我"→"更多功能"→"抖音创作者中心"→"开始直播"中，就可以看到"手游"直播，也就是手机游戏直播，如图 9-30 所示。

游戏的直播内容可以选择热门游戏、综合手游、棋牌游戏、休闲游戏、怀旧游戏、其他游戏等，在这里选择了"热门游戏"→"5V5 推塔手游"，如图 9-31 所示。

第 9 章 ◇ 直播盈利：粉丝小礼物打赏

图 9-30

图 9-31

手游直播有一个 DOU+ 上热门，选择"快速加热"，下方有 10 分钟加热套餐，比如 198 元套餐可以增加 350～658 个观众，抖音在 10 分钟内会推送给抖音用户，抖音用户可以快速加入你的游戏直播间，如图 9-32 所示。

选择"自定义加热"，主播也可以花钱增加直播间的粉丝，比如 30 元预估带来 2～13 个粉丝，98 元预估带来 7～40 个粉丝，198 元预估带来 15～80 个粉丝，298 元预估带来 24～121 个粉丝，如图 9-33 所示。

图 9-32

图 9-33

4. 电脑直播

进入抖音页面，在"我"→"更多功能"→"抖音创作者中心"→"开始直播"中，就可以看到"电脑"直播，也就是使用电脑直播，显示"直播伴侣"，如图 9-34 所示。

使用电脑直播的要求是 4 种直播方式中最高的，申请条件是抖音或火山粉丝数达到 500、满足投稿或开播行为指标、近期直播无中断及封禁等违规记录，目前有这 3 个申请条件。

使用电脑直播的用户，可以下载抖音直播伴侣，功能多元丰富，详细的功能和使用可以自行研究，如图 9-35 所示。

图 9-34

图 9-35

第 10 章 星图广告盈利：接广告单

10.1 什么是巨量星图

巨量星图是抖音官方推出的一款内容创作和运营工具，意在帮助内容创作者更好地进行创作和运营。

巨量星图基于抖音平台的大数据和 AI 技术提供了用户画像、内容创意、智能发布等功能，帮助创作者更好地了解用户需求，创作出更符合用户喜好的内容，提高内容的曝光量和互动率。

巨量星图还提供了数据分析工具，帮助创作者监控内容的表现和用户反馈，及时调整和优化内容创作策略。

巨量星图不仅适用于个人创作者，也适用于企业和机构，可以帮助他们更好地运营抖音平台并扩大品牌影响力。

截至 2023 年 12 月，巨量星图拥有客户 87 万 +，创作人 55 万 +，入驻明星 100+，如图 10-1 所示。往下拖动，可以看到"你能得到什么"相关内容，如图 10-2 所示。

图 10-1

图 10-2

10.2 抖音星图认证的要求

抖音星图是一个可以赚钱的平台，达人可以通过接取并完成任务来获得相应的佣金。同时，抖音星图平台也提供了其他赚钱方式，比如接广告、引流店铺等。

抖音星图对于达人的要求比较高，需要具备一定的条件才能入驻和接单。同时，在抖音星图赚钱也需要付出更多的努力和时间，需要不断地提升自己的能力和实力。

抖音星图认证的要求如下：

（1）抖音账号在抖音平台的粉丝量≥10万，且内容调性健康合法。如果是西瓜和抖音火山端的达人想要入驻星图接单，那么粉丝数必须在5万以上。

（2）抖音账号在抖音平台的粉丝量≥1万，且内容调性健康合法。

（3）抖音账号在抖音平台粉的丝量≥1万，近30天发布过2篇图文体裁内容，内容调性健康合法。

（4）抖音粉丝数≥1000，近14天内开播场次≥3场且每场开播时长≥25min，近30天未出现账号违规、账号封禁、违反社区规范的行为，直播内容/调性健康积极向上。

（5）抖音粉丝量≥1000，已开通电商直播权限，内容调性健康合法，可以做星图的直播电商带货任务。

（6）抖音粉丝数≥1000，近30天未出现账号违规、被禁、违反社区规范的行为，且直播内容/调性健康，积极向上，近14天内开播场次≥3场且每场开播时长≥25min，可以做星图直播投稿任务。

在抖音星图的官方网站，有新手指引、审核规范、上新通知、规则公告，规则一直在不断修改和完善，相信星图会越做越好，如图10-3所示。

图10-3

10.3 抖音巨量星图评估标准

抖音巨量星图主要从视频质量、内容质量和用户反馈等方面进行评估。

(1) 视频质量：视频的分辨率、画面清晰度、稳定性和声音质量等都是评估因素。例如，拍摄的视频分辨率、画面清晰度较高，人脸和背景都很清晰，背景也很安静，场地周围也没有很多杂音，如图 10-4 所示。

(2) 内容质量：抖音星图对达人的内容质量有要求，即内容优质、有特色、有创新性，能够吸引和留住用户。同时内容要健康、合法，符合社会道德和价值观等。例如，本条视频拍了开车去温泉酒店，介绍了温泉酒店的风格，酒店好吃的美食，还介绍了温泉，是一条合格的探店视频，如 10-5 所示。

(3) 用户反馈：用户对视频的点赞、评论、分享、观看时长、观看次数等数据也是评估的重要依据。如图 10-4 所示，点赞数为 1 万，评论数为 347，收藏数为 326，转发数为 2112，属于良好的用户反馈。

图 10-4

图 10-5

10.4 具备商业能力，有效推广产品

抖音星图还要求达人具备一定的商业能力，能够有效地推广产品或服务，并实现商业转化。如果达人播出的视频，用户看完后，没有办法了解主播介绍的产品或服务，那么这条视频是不合格的。

抖音星图的商业能力主要体现在以下 3 个方面。

(1) **提升内容价值**：达人需要持续产出优质的内容，这是有效推广产品或提升服务报价的基础。同时，保持账号粉丝量的增长，收获越来越多的关注，才能让账号保持较好的成长趋势，增强账号的商业化竞争力。

(2) **提升账号价值**：在特定领域内，比如美妆，达人间的竞争非常激烈。为了提升商业竞争力，达人需要深挖自身的优点，并在同领域的达人中建立起自己的差异化辨识度。

(3) **提升流量价值**：达人需要打造爆款内容，稳定获取更高的流量，这样才能得到更低的 CPM（Cost Per Mille，千次展示费用）以降低成本。与粉丝量级匹配的 CPM 越低，达人的价值越高。

10.5 广告商比较优质

星图的广告商是比较优质的，为什么这么说呢？

(1) **价格优势**：星图的广告商，每次广告都投入几千元到几十万元不等。能拿多少广告收入，取决于作者的粉丝数量、广告质量等。

(2) **广告品牌大**：大部分星图的广告品牌比较大，比较有名气，主播的名气＋品牌的名气，能够获得比较好的宣传效果。

(3) **场所大气**：星图的广告商的活动场地一般比较大气，环境非常舒适。活动安排也比较到位，摆放产品的场所也经过精心策划，摆放安全、整齐。

(4) **媒体资源**：星图的广告商通常拥有广泛的媒体资源，能够为客户提供多样化的广告发布渠道，确保广告的广泛传播和覆盖。

(5) **数据分析到位**：因为抖音星图推广到位，数据分析到位，所以优质的广告商通常会在星图寻找广告人。星图广告商也相信星图会帮助他们筛选一些优质的大 V 跟他们合作，也相信通过抖音平台推广，可以让更多的人了解和购买产品。

(6) **推荐到位**：抖音星图的广告推荐算法非常到位，就像我们每天喜欢看什么短视频，就会推送给抖音用户观看。使用这个技术，同样可以将广告商的广告推送给真正需要的人观看，提高了用户的购买力，广告商可以为企业带来更多的实体市场销售量。优质的抖音广告推荐算法，为抖音和主播带来了优质的广告商，实现共同进步和发展。

10.6 星图广告盈利

抖音的盈利方式太多了，作者主要用的是星图广告盈利，没有玩过所有的盈利方式。星图的商单任务包括指派任务、投稿任务、直播任务、招募任务、星广联投任务，其中指派任务和直播任务比较常见。在星图的商单任务上接单，任务的状态分为待接受、进行中、已完成、已取消，如图10-6所示。

星图的广告有短视频，也有直播的盈利方式，主要查看商单任务。例如图10-7所示的星图短视频，首先介绍来到了广州车展，也就是让观众知道直播的地点，这个地点有什么活动，运用了4个字"广州车展"，这就是重点。

图 10-6

图 10-7

然后，主播走到需要介绍的汽车旁边，讲解一下汽车大概的价格。为什么不讲精确的价格呢？因为汽车有低配、中配、高配，还有定制版本，不同的配置有不同的价格。这时只需要讲一个大致的范围，包括各种配置的价格，如图10-8所示。

接着，主播告诉观众朋友，可以现场预约试驾，只需要来车展就可以了，如图10-9所示。

最后，直播到了收尾阶段，需要提示观众："你也快来打卡吧"。这样可以帮助商家吸引客户来现场看车、试车、买车，如图10-10所示。

图10-8

图10-9

图10-10

星图任务又完成一单了，目前已经完成了174单，进行中的有3单，待接收0单，如图10-11所示。

图10-11

第 11 章 广告盈利：短视频植入广告

11.1 间接广告，植入品牌方衣服

间接广告指的是全程没有说过这个产品，但产品又全程出现在观众的屏幕里。例如，朋友做服装行业的，她寄给我一套红色衣服，希望我拍短视频时，她的衣服可以出现在短视频中。整个短视频都出现这套红色衣服，但没说过这套衣服的品牌，也没出现过衣服的LOGO，如图 11-1 和图 11-2 所示。

图 11-1

图 11-2

间接打广告的好处有以下 5 点。

(1) **口碑传播**：间接广告可以说是口碑传播。为什么这么说呢？当一个明星或者网红穿上某一件衣服时，粉丝看短视频、看电视剧觉得这件衣服好看，就会将这件衣服的截图保存下来，然后扫描衣服图片去各大网店购买。如果粉丝朋友穿着衣服感觉不错，就会分享给朋友和同学，从而吸引更多的潜在客户购买。

(2) **受众广泛**：与直接广告相比，间接广告的受众更广泛。因为间接广告可以通过各种渠道和方式传播，包括所有的社交媒体、口碑传播、博客、短视频等。

(3) **价格便宜**：间接广告有时候既看不见品牌，也看不见商标。一个明星拍一个正面推广的广告需要 100 万元，但是做一个间接广告可能 1 万元都不到。甚至可以通过免费赠送衣服的方式，找一些 1 万至 5 万粉丝的小 V，让他们在社交媒体等渠道免费进行传播，发布图片、短视频和直播的方式都可以。

(4) **信任度高**：因为间接广告是通过第三方平台传播的，多位网红穿过此款衣服，短视频用户总会翻到一些这样的短视频，观众更容易信任这种间接的打广告形式，这样更加客观和真实。例如，2023 年经常出现的红色长裙战袍。

(5) **有针对性**：不是直接广告买不起，而是间接广告更有性价比。可以通过特定的目标受众和渠道进行传播，更加具有针对性，能够更好地满足企业的营销需求，推广效果有时候比直接广告传播还好。例如，一个网红的粉丝平均年龄在 25 岁左右，刚好你的产品客户群体也在 25 岁左右，那么厂家找你这样的网红拍间接广告是非常适合的。

11.2 直接广告，全程展示汽车产品

直接广告指的是全程围绕这个产品解说，产品全程出现在观众的屏幕里，从全局的展示到细节的展示。例如，朋友在汽车行业工作，厂家生产了一辆新汽车，主播需要到指定的展厅里拍摄短视频。

为什么需要到展厅拍摄短视频呢？因为展厅空间较大，灯光和环境经过精心设计，还有专业人员可以配合拍摄，拍摄的效果更好。

如图 11-3 和图 11-4 所示，主播对某汽车品牌从外观到内饰进行介绍。因为短视频时长可能较短，没有办法在短时间内讲解得很全面，因此，我们可以针对某汽车品牌车型的优点，重点进行讲解。

图 11-3

图 11-4

第 12 章 中视频广告盈利：视频创作

12.1 加入抖音中视频计划，获得分成

抖音中视频计划旨在鼓励创作者制作和发布高质量的中视频内容。该计划为创作者提供了更多的曝光机会和收益来源，同时也为观众提供了更多的优质内容。

要加入抖音中视频计划，创作者需要满足以下条件：

- ◆ 拥有一定的粉丝基础和影响力。
- ◆ 具备制作中视频内容的能力和经验。
- ◆ 遵守抖音平台的规则和要求，不发布违规内容。

加入抖音中视频计划后，创作者可以获得以下权益：

- ◆ 曝光机会，包括在抖音平台上的推荐和推广。
- ◆ 收益来源，包括广告分成和观众打赏等。
- ◆ 合作机会，包括与品牌合作、参加活动等。

需要注意，抖音中视频计划对于创作者的要求比较高，需要具备一定的创作能力和经验。同时，抖音平台对于内容的审核和管理也非常严格，需要遵守相关规定和要求。加入中视频计划后，只需在抖音平台发布中视频，就可以同时发布到抖音、西瓜视频、今日头条的账号，如图 12-1 和图 12-2 所示。

图 12-1

图 12-2

12.2 模仿热门视频，获得流量

抖音中视频计划的收益，除了按播放量来计算收益外，还会参考播放率、完播率、停留时间、互动点赞率等数据，最后将根据今日头条、西瓜视频、抖音的有效播放量计算收益分成。

中视频计划需要大量的流量，收益才会变高。短视频发布者模仿热门视频，拍出独具特色的短视频，就能获得一定的流量。

抖音的首页上有个"热点"栏目，显示的全是热点短视频。每一个短视频基本都有上万个点赞。

比如，短视频显示的文字是："零下6度的气温下，烤冷面里的鸡蛋都结了冰"，视频的内容是商家在烤结了冰的鸡蛋，如图12-3所示。如果你在南方，可以模仿这个热门短视频创作一下，试一试夏天在汽车的引擎盖上烤鸡蛋，短视频显示的文字可以写："室外40度的气温下，汽车的车头盖上面都能烤熟鸡蛋了"。

比如，短视频显示的是深圳大梅沙海滩的场景，告诉观众现在地铁已经开通到大梅沙站。

观众觉得这个视频不错，终于可以很方便地坐地铁到深圳大梅沙海滩了，观众纷纷给短视频点赞，使之成为热门短视频，如图12-4所示。如果你想模仿一下这个短视频，可以关注一下新开的地铁站、公交车站，告诉观众这个新开的车站有什么新鲜事，或者到达后有什么景点可以游玩。

图12-3

图12-4

当你的短视频获得了流量，其他用户观看了你的短视频，去短视频介绍的地方旅游，就会给实体市场带来人流量，如图12-5和图12-6所示。

图12-5

图12-6

当用户按短视频推荐的景点去旅游，就有可能在当地吃上特色美食。例如，深圳大梅沙的特色是乳鸽，去旅游的用户可以尝试当地的特色美食，如图 12-7 所示。

图 12-7

通过模仿热门短视频获得流量，观众观看了短视频，可能会去相应的景点游玩，促进了景点的人流量，进而促进了当地旅游景点的实体经济发展。这种模仿热门短视频的方式，既可以给短视频创作者带来收益，也能使实体经济得到发展，是一个很好的方法。

12.3 原创创意视频，获得机会

策划文案，如下所示。

场景：女的在整理打开的后备箱，突然一个男的走过来问路。

男："阿姨，这路怎么走？"
女："你叫我什么？"
男："阿姨啊。"
女："你多大啊，就叫我阿姨。"
男："我 00 后啊。"

女的表情很无奈，然后指了一个方向给男的走。

这个场景拍成短视频后，播放量 1483.2 万，点赞 10.4 万，评论 6306 条，收藏 875 个，转发 1801 个，如图 12-8 和图 12-9 所示。

图 12-8　　　　　　　　　　图 12-9

　　这个短视频播放量有 1483.2 万，非常不错。虽然没有教会观众什么知识性的内容，但是看了给人感觉非常有趣，浏览量非常高。原创短视频有这么高的点赞数和视频播放量，中视频广告盈利是没有问题的。

第 13 章 知识盈利：销售课程

13.1 制作短视频课程

有很多直播带货的主播，由于货源不是最优的，价格也较贵，与同行没有竞争优势。于是转型销售课程。这些课程的主要内容就是教观众做好某件事情的方法和技巧等。

例如，怎么做抖音探店短视频，作者制作了一系列短视频教程，来教观众制作短视频的方法。

（1）主角先跟大家介绍一下今天吃什么。比如带大家吃燕窝椰子冻，主角可以说："今天要带大家吃燕窝椰子冻"，这个环节可以只拍人，先不用拍美食，如图 13-1 和图 13-2 所示。

图 13-1　　　　　　　　　　图 13-2

（2）然后拍美食和主角。镜头顺着主角和美食拍摄，如图 13-3 所示。当然，主角要偶尔看一下美食，如图 13-4 所示。

图 13-3

图 13-4

（3）接着，可以拍美食的全景。让观众看一下燕窝椰子冻是什么样的，卖相好不好，能不能引起食欲，如图 13-5 所示。主角可以用勺子搅动美食，让观众看得更直观，如图 13-6 所示。

图 13-5

图 13-6

（4）最后，吃一口美食，之后对美食做评价，可以说："真的很美味，很好吃"，如图 13-7 和图 13-8 所示。

图 13-7

图 13-8

通过这个套路，就可以顺利完成一个美食短视频的制作了。接下来就可以把短视频发布到抖音平台与观众分享。

13.2 短视频推广课程

短视频制作好后，接下来就要推广，让观众知道你这里有教大家拍美食探店短视频的课程。教导怎么拍摄美食探店的短视频，属于短视频制作课程，抖音平台允许推广和销售。

1. 抖音平台允许推广和销售的短视频课程

（1）短视频制作课程：如何制作高质量的短视频，包括视频拍摄、剪辑、特效和音效等方面的技能。

（2）短视频营销课程：如何利用抖音短视频平台进行有效的营销和推广，包括内容创作、说话技巧、发布策略等方面的技巧。

（3）社交媒体运营课程：如何在短视频平台上推广产品和品牌，包括了解目标用户群体，运用各种运营策略和工具，增强内容的吸引力和维护品牌形象。

(4) 数据分析课程：如何利用数据分析工具对短视频推广效果进行分析和优化，以提高推广效果，包括广告投放技巧、增加粉丝的方法等。

2. 短视频推广的方法

(1) 上架橱窗：将制作好的短视频上传到橱窗，显示的内容包括课程图片、标题、价格。橱窗是一个主要销售渠道，也是获取自然流量的方法。

(2) 付费推广：抖音平台的推广方式有很多，包括付费推广和自然流量。付费推广可以通过抖音的广告系统进行，根据预算选择合适的推广方式。因为付费推广通常会更快地让观众看到，尤其是课程知识会过时，需要及时推广，最好采用付费推广。否则，过时的知识课程没有用户愿意购买。个人账号付费推广可以选择DOU+进行。

(3) 创作优质的内容：对于课程推广，优质的课程内容最关键。想要创作出优秀的课程，需要了解用户的需求和真正感兴趣的内容。制作课程时，短视频尽量做到生动有趣，出镜的人物脸带笑容，能够吸引观众的注意力。

(4) 合作推广：合作可以共赢。我们转变一下思维，可以与其他有影响力的抖音账号进行合作，通过他们的推广来提高课程的曝光度和关注度。

(5) 定期发布新课程：保持课程的更新频率，可以增加课程的曝光机会，同时也能提高用户的黏性。如果课程真的满足用户需要，就会有很多观众坚持购买短视频学习，所以需要定期发布新的短视频课程。

(6) 抖音账号设置优化：抖音账号显示的内容需要与课程相关。例如头像、个人简介、背景图等内容的设置，都需要与课程相关，这样观众一看就知道你是知识盈利创作者，是教导拍摄各类短视频的。

13.3 课程宣传和销售，知识盈利

短视频课程制作完毕后，主播可以在直播节目或抖音小店上宣传和销售自己的课程。

(1) 开设自己的抖音课程频道：首先需要在抖音上注册一个账号，并选择成为教育类主播。在开通直播功能后，就可以在直播中介绍自己的课程，并通过抖音平台进行售卖。

(2) 在抖音小店开通课程售卖功能：抖音小店是一个为抖音用户提供商品交易的平台。通过在抖音小店开通课程售卖功能，可以将自己的课程添加到商品列表中，供用户浏览和购买。

(3) 观众购买：在商品栏目页面的搜索框中，输入"购买课程"，就可以查到很多课程内容。如图 13-9 所示，销量显示"已售 30 万件＋件"，可见这个视频的知识盈利能力还是非常出色的。此外，观众在直播间、短视频上都可以看到购买课程的链接，单击链接就可以购买课程。

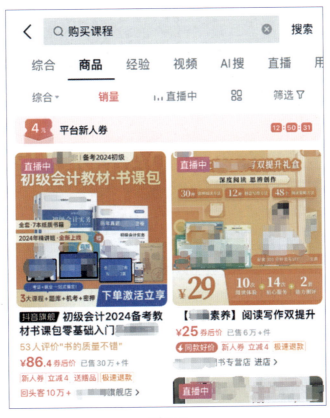

图 13-9

第 14 章 全民任务盈利：推广与分享

14.1 推广产品，获得分成

抖音全民任务是一种盈利方式，它允许达人在抖音平台上通过完成任务来获得收益。全民任务通常是由抖音平台发布的任务，任务内容可以是推广产品、宣传品牌、分享经验等。达人只要完成任务，就可以获得相应的收益，并且做任务不需要拥有大量的粉丝基础。

全民任务通常会在抖音平台上发布，用户按照指定的要求完成相应的任务，例如拍摄指定主题的短视频、使用指定贴纸或特效、看视频 5 分钟、关注主播等。完成任务后，用户可以获得一定的奖励。

用户想要参与抖音全民任务，可以在抖音搜索"全民任务"或者从创作者中心进入，按照任务页面上的要求逐条进行操作，完成任务后即可获得相应的收益。任务的收益通常是根据任务的完成情况或者播放量等因素来确定的。

全民任务界面的任务列表如图 14-1 所示，我的任务如图 14-2 所示。在抖音搜索框中搜索"全民任务"，就可以找到全民任务的进入方式，点击任务页面上的"查看详情"，就可以进入任务列表。

第 14 章 • 全民任务盈利：推广与分享

图 14-1

图 14-2

14.2 适合新手，学习盈利

全民任务是一种适合新手的盈利方式，没有开通门槛，每个任务都有具体的要求和参考，降低了新手完成任务的难度。新手只要严格按照任务要求来执行，完成任务后就会有收益。

对于品牌方来说，参加全民任务是一种低成本、高效率的推广方式，可以通过抖音平台吸引大量用户参与互动，快速提高品牌曝光度和知名度。观看全民任务的观众也可能会购买推广的产品。

用户参与完成全民任务可以获得一定的金钱奖励，还可以增加自己账号的活跃度。用户每完成一个任务都可以分到 10 元到几十元，坚持一个月下来能分到几百元。

在参与全民任务时，需要注意任务的要求和规则，确保提交的作品符合要求。全民任务是一种比较有趣的互动营销方式，简单易学，适合新手，其收益虽然比较低，但也是盈利的一种方法，随着粉丝的增长，用户还可以开通星图广告，拥有更多的收益。

这里提醒一下，用户参与全民任务需要注意保护自己的隐私和账号安全，避免在完成任务的过程中泄露个人信息。任务的主播不会问观众有关银行卡账号、银行卡密码、抖音密码等敏感信息。如果遇上这种情况，可以反馈给抖音官方客服处理。

14.3 全民任务，看播任务

在全民任务的任务列表上，我们可以看到全部、拍摄任务、众测任务、看播任务、轻任务。

在"全部"中，可以看到所有的任务，例如"100种年味在路上"，如图14-3所示。

在"拍摄任务"中，可以看到拍摄任务，例如"成都某某樱花季"，如图14-4所示。

图14-3

图14-4

在"众测任务"中，可以看到一个"回家路有某某更快"的任务，如图14-5所示。

在"看播任务"中，可以看到一个"某某开门红"的任务，如图14-6所示。

图14-5

图14-6

在"轻任务"中，可以看到一个"100种年味在路上"和"马街书会"的轻任务，如图14-7所示。轻任务就是简单易上手的任务，就像打卡一样，等地铁和等公交的时间就能参与并完成，如图14-8所示。

图14-7　　　　　　　　　　　　图14-8

打开"某某开门红"任务，可以看见任务玩法和排行。在任务玩法里面，可以看到基础任务是关注主播，观看直播300秒。额外任务是发布指定的评论，持续观看直播，如图14-9和图14-10所示。

图14-9　　　　　　　　　　　　图14-10

任务要求了解得差不多，可以点击"立即参与"按钮，进来先关注主播，然后观看300秒，如图14-11所示。关注主播后，在"成为主播粉丝"的栏目里显示"已完成"，如图14-12所示。

图14-11

图14-12

成为主播粉丝后，接下来可以发布"龙年行大运"的评论，如图14-13所示。在直播间点击"赢取品牌福利"可以看到任务完成度。"基础任务"显示已经完成，"额外奖励任务"评论了10条，持续观看直播时间26分钟，如图14-14所示。

图14-13

图14-14

第 14 章 ● 全民任务盈利：推广与分享

任务完成后，在"全民任务"→"我的任务"界面上可以看到自己参与的任务，当前现金收益为 0.37 元。也就是说直播还在进行中，只要任务完成了，就会显示保底收益 0.37 元，如图 14-15 所示。全民任务关注一下主播，观看直播 300 秒，就能有 0.37 元的保底收益，已经很不错了，也没有粉丝数量的要求。

等待直播结束，现金收益还会增加，此时现金收益已经达到 0.74 元，如图 14-16 所示。看一个短视频就有 0.74 元的现金收益，每天做一个观看直播任务，一个月下来，手机的话费钱就赚到手了。

图 14-15

图 14-16

第 15 章 Pick 广告盈利：做任务

15.1 达人 Pick 计划

抖音 Pick 广告盈利是一种通过在抖音平台上发布广告来获得收益的盈利方式。抖音平台会向广告主收取一定的费用，然后根据达人的播放量、点赞量、评论量等数据，将部分收益分配给达人。

具体操作是，达人在抖音短视频中发布广告，观众在观看其短视频时可以看到广告。如果观众对广告感兴趣并点击了广告，那么广告主就会向抖音平台支付一定的费用，抖音平台会根据达人的广告数据，将部分收益分配给达人。

需要注意，抖音 Pick 广告盈利需要满足一定的条件才能开通。具体条件可以参考抖音平台的官方说明。同时，抖音平台对于广告的审核和管理非常严格，需要遵守相关规定和要求。抖音 Pick 广告是有门槛限制的，普通用户无法直接申请开通。

在搜索栏上搜索"达人 Pick 计划"，就可以找到达人 Pick 计划的进入方式，如图 15-1 所示。也可以看到 Pick 游戏达人计划的介绍，如图 15-2 所示。

图 15-1

图 15-2

15.2 抖音达人 Pick 计划盈利方式

抖音达人 Pick 计划可以通过多种方式来盈利。

（1）通过抖音平台上的广告投放，可以获得广告收益。具体来说，当达人 Pick 计划中的作品被广告主选择投放广告时，创作者可以获得一定的广告收益分成。这种盈利方式需要创作者具备一定的广告主资源和合作机会。

（2）通过达人 Pick 计划与电商平台的合作，创作者可以在作品中直接推广商品，并获得商品销售的佣金收益。例如，在作品中推荐某款商品，用户通过点击链接购买该商品，创作者即可获得相应的佣金。这种盈利方式需要创作者具备一定的电商资源，以及对商品的选择和推荐能力。

（3）达人 Pick 计划还可以通过与其他平台或品牌合作，为品牌定制内容或推广活动，从而获得合作费用或赞助费等收益。这种盈利方式需要创作者具备一定的品牌合作经验和资源。

总之，抖音达人 Pick 计划为创作者提供了多种盈利方式，但需要创作者具备一定的资源和能力，同时需要持续创作高质量的作品，并积极拓展合作机会，才能更好地实现盈利。

15.3 评级的等级，获得高分成

评级的等级越高，获得的奖励金额就越大。每一个广告任务的分成，金额不是固定的。如果主播的评级等级为 9，那么可以获得 3 万元的提成。如果主播的评级等级为 1，那么主播只能获得 100 元的提成。简单来说，一个企业有两个设计师岗位，第一个设计师工资一万元，第二个设计师工资三万元，但是做的是一样的工作。因为第二个设计师是名校毕业的，拥有百万粉丝，带着客户和项目入职的，所以第二个设计师比第一个设计师的等级和薪资高。

以下是一个等级分成表的示例，如表 15-1 所示。

表 15-1 等级分成表

评级的等级	金额 / 元
9	30000
8	20000
7	15000

（续表）

评级的等级	金额/元
6	10000
5	5000
4	2500
3	1000
2	500
1	100

达人 Pick 计划需要签约 MCN 成为达人，抖音账号粉丝数量达到 10 万以上时，就有资格参加达人 Pick 计划。抖音平台会定期审核申请者的资质和条件，以确保符合达人 Pick 计划的要求和标准，达人 Pick 计划的门槛比较高，如图 15-3 所示。

达人 Pick 计划的操作与全民任务的操作差不多，用户可以在达人 Pick 计划的"全部推广产品"界面看到任务的内容，如图 15-4 和图 15-5 所示。

图 15-3

图 15-4

图 15-5

进入"懂某帝-新能源排行榜"的任务，可以看到详细的任务说明、爆款排行的信息，如图15-6所示。任务报名后，可以看到"任务进展"，用户上传视频就可以参与任务。因为达人Pick计划对作者的要求比较高，审核比较严，要想通过审核，作者需要制作高质量的视频，并且上传视频，如图15-7所示。

图15-6

图15-7

达人Pick计划的用户发布视频的时候，需要填写视频标题、上传订单视频、设置定时发布时间，如图15-8所示。在"上传订单视频"下面单击"+"按钮，则可以选择手机上的视频上传，如图15-9所示。

图15-8

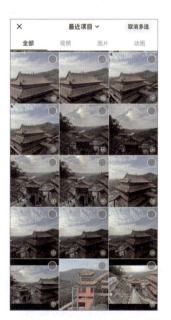

图15-9

第 16 章 游戏发行人计划盈利：推广游戏

16.1 游戏发行人计划

抖音游戏发行人计划是一个通过抖音平台推广游戏并获得收益的盈利方式。具体来说，达人可以通过在抖音上发布游戏视频、直播游戏等方式来吸引观众，并引导观众下载游戏或购买游戏道具等，从而获得收益。

想要参与抖音游戏发行人计划，达人需要先在抖音平台上注册并开通游戏发行人计划，然后选择要推广的游戏，并制作相关视频或直播内容。达人可以在视频或直播中介绍游戏玩法、背景故事、角色设定等，吸引观众的兴趣，引导他们下载游戏或购买游戏道具。

如果观众通过达人的推广链接下载游戏或购买游戏道具，达人就可以获得相应的收益。收益的多少取决于观众的数量、视频或直播的质量、游戏的受欢迎程度等因素。需要注意，抖音游戏发行人计划对于达人的要求比较高，需要具备一定的游戏知识和游戏推广能力。

在搜索栏中搜索"游戏发行人计划"，可以找到游戏发行人计划的进入方式，如图 16-1 所示。

图 16-1

16.2 了解游戏，学院学习

游戏发行人计划并不是所有的游戏都可以盈利，需要玩官方任务推广的游戏才可以盈利。进入游戏发行人计划的首页，可以看见创意内容、优质游戏、优质达人、最近上新、活动大厅、任务推荐等内容，如图 16-2 所示。

在"任务"中，可以看到任务列表、指派任务等栏目。我们可以从任务列表中挑选一款游戏来玩，如图16-3所示。

图 16-2

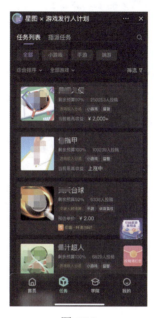

图 16-3

在"学院"中，可以看到创作指导的栏目，我们可以从创作指导列表中挑选文章来学习创作游戏短视频的方法，如图16-4所示。

在"我的"中，可以看到我的服务、我的内容、我的素材、我的收益、常用工具等内容，如图16-5所示。

图 16-4

图 16-5

16.3 游戏任务，学习盈利

例如选中"果汁超人"游戏，我们可以看到任务信息、任务介绍、创作指导等栏目，如图16-6所示。点击"试玩"按钮直接进入游戏，无须下载，就可以玩游戏，如图16-7所示。

图 16-6

图 16-7

进入游戏后，我们要将这个苹果切20次，如图16-8所示。划动切片，切了2次苹果后，苹果变成了3块，显示剩余切苹果次数为18次，如图16-9所示。

我们将玩游戏的过程录制好，将视频按要求上传，然后就可以坐等盈利了。游戏发行人计划的盈利方式，适合喜欢每天玩游戏的达人，可以教用户怎么在游戏中过关、有什么操作技巧等。

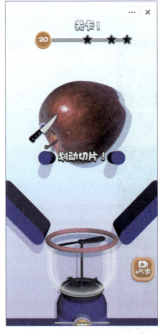
图 16-8

图 16-9

第 17 章 【案例】成为百万粉丝大 V 的体会

17.1 抖音从零开始，坚持学习

每一个人的抖音账号都是从零开始做的。我在微博发布了 4427 条内容，吸引了 50.7 万粉丝，就是从一个空账号慢慢累积做出来的。在抖音平台创建账号，我就告诉微博的粉丝们自己的抖音账号，再加上抖音大数据推送的加持，我发布的第一条抖音视频，第一天抖音账号就新增了上万个粉丝，抖音和其他平台可以说是相辅相成的，如图 17-1 和图 17-2 所示。

图 17-1

图 17-2

现在，我除了在抖音平台发布短视频内容外，在微博平台也会更新内容，每条微博也有上百个评论，如图 17-3 和图 17-4 所示。

图 17-3　　　　　　　　　图 17-4

刚玩抖音短视频的时候，我自己也没有制作过、发布过任何短视频，所以我跟大家一样，都是从 0 开始学习、从 0 做起来的。我的优势在于，10 年前就开始从事传统媒体工作，对视频有一定的认知，所以上手相对较快。从事短视频行业，以前需要学习专业的视频剪辑软件，对普通人来说真的很难入门，但现在科技发展了，出现了很多简单方便的视频剪辑软件，大家自学一下就可以用手机来剪辑处理短视频。

抖音有个手机短视频剪辑软件"剪映"，可以用来剪辑短视频内容，是一款不错的短视频制作工具，利用这个工具可以显示短视频每一帧、每一秒的详细内容，剪映界面下方的工具可以对短视频进行处理，功能包括剪辑、音频、文本、贴纸、画中画、特效、模板、滤镜、比例、背景、调节等。短视频剪辑示例如图 17-5 和图 17-6 所示。

图 17-5　　　　　　　　　图 17-6

坚持学习，就可以学会短视频的制作。我在 2020 年 3 月 3 日发布了第一条短视频。由于当时是刚尝试抖音短视频，手机的像素比较低，拍出来的短视频没有现在手机拍出来的高清，有点像卡片相机 CCD 的拍摄效果，比较怀旧的片质，如图 17-7 和图 17-8 所示。

图 17-7

图 17-8

这条短视频发布出来后，很快就上热门了，有 154 万次浏览，2.4 万个点赞，2360 条评论，262 个收藏，1549 个转发，算是收获满满，也在意料之外。

17.2 每天坚持，视频越发越多

抖音平台的收入逻辑非常清晰。对于抖音账号来说，谁做得多，谁就可以获得更多粉丝，就可以获得更高的广告收入，规则比较公平合理。

例如，一个广告活动需要 10 条相关短视频，原来计划你发布 5 条，朋友发布 5 条，一起瓜分这个项目的广告收入。结果朋友因故没有发布短视频，你发了 10 条相关的短视频，那么广告所有收入都属于你。

在抖音平台上，我的汽车账号发布了 282 条短视频，美食探店账号发布了 334 条短视频。每天策划一个短视频，拍摄、剪辑、发布这个短视频，两年多的时间，总共发布了 616 条短视频。这完全是积累出来的成果。

17.3 整改账号，一个账号只专注一个领域

这个行业的市场太大了，抖音短视频账号要做得专业、做得精细，才能分得一点市场份额。基于这个认知，我一直坚持做垂直号。想要快速盈利，要点就是，垂直，垂直，还是垂直！

在做抖音账号之前，我没有专注专业领域，做的内容比较杂。一个账号里面，有汽车的内容，有酒店的内容，有旅游的内容，有生活的内容，有美食的内容，也有亲子的内容。由于认清了垂直号的理念，一个账号只专注一个领域，我发现很快就有喜欢该领域的粉丝来关注。正如我们经常听到的一句话"因为专业，所以专注"。总之，短视频内容专注专业，领域更容易获得更多粉丝的关注。

目前，我有两个账号，一个做汽车相关的内容，一个做美食探店的内容。汽车账号里面的内容全与汽车相关，如图17-9所示。美食探店账号里面的内容全与美食、酒店住宿相关，如图17-10所示。这就是垂直账号，垂直账号方便客户或者品牌方了解你的定位，也让版面更好看、更有商业价值。抖音账号千万不要想到什么就发什么，只有朋友圈才会这么干。

图 17-9

图 17-10

17.4 坚持发布短视频，粉丝突然暴涨

每周都会有新鲜的短视频发布，才能吸引大量的粉丝，留住大量的粉丝。虽然每一次制作短视频都很辛苦，但是见到视频发布后的成果，马上整个人就充满了正能量、受到了激励。

现在我说车的账号有 100.3 万粉丝，如图 17-11 所示。美食探店的账号，有 20.1 万粉丝，如图 17-12 所示。

图 17-11

图 17-12

我每天的工作，除了更新抖音的短视频外，也会跟粉丝互动。在时间允许的情况下，我尽量每一天都会回复一下观众的评论，让粉丝朋友感受到我的关注和真诚。

我也会发布最近的状况在微博、朋友圈、博客等社交平台，引导朋友们来抖音平台观看我的短视频，短视频比照片更加生动、真实。

汽车账号有时候也会为大家介绍一些家用汽车，有汽车优惠价的时候也会及时告诉大家。只要关注我们，就能了解到更多的汽车实用小知识。例如，如何换汽车的雨刷，如何测试轮胎是否够气，购买汽车如何判断是不是库存车等。

美食探店账号会为大家介绍在广东能够吃到的各种美食，也会亲身去尝试。例如，介绍各种美食团购活动，有的团购甚至只需要 99 元，就能摆满一桌子，足够一家三口饱餐一顿，性价比很高，而且味道也很好。

除了美食探店外，我也会介绍一些美食或酒店相关的信息，例如，怎么去往那个团购的餐厅，附近哪一个酒店的性价比较高。酒店的场景、酒店自助餐的情况都会拍给大家观看和欣赏。

17.5 合作共赢，互惠互利

抖音账号不可能每一条都是商业性质的短视频，也不可能每一条短视频都能盈利。我

们也要制作一些趣味性的短视频，用来维护自己的粉丝不丢失，并保持抖音账号的活跃。

我们可以寻找同行合作拍一些娱乐短视频，让大家学习一些小知识，观众也可以在观看短视频的过程中获得乐趣。同样地，同行的粉丝也可能成为我的粉丝，我的粉丝也可能成为同行的粉丝。这就是抖音里常用的"合拍"和"引流"的技巧，两个账号互动，让双方的粉丝有认识的机会，寻找更多的话题，让粉丝记忆更深刻，流量更大化。

我与女司机姗姗合作拍摄了一个短视频，两个人一起拍摄短视频，可以合作共赢，互惠互利，粉丝也会有所上涨，如图17-13和图17-14所示。

图 17-13

图 17-14

一起合作的账号粉丝量已经有100.5万，如图17-15所示。姗姗的个人账号粉丝量也有18.3万，如图17-16所示。

图 17-15

图 17-16

有了第一次拍摄汽车短视频的合作，我们就成了姐妹花，受到了观众的热烈欢迎，后面就有抖音星图广告找上我们，比如国产新能源汽车、汽车玻璃隔热膜等，如图17-17和图17-18所示。

图 17-17

图 17-18

17.6 广告商联系，星图盈利

自从有了第一个商单，命运的齿轮开始转动，影响抖音创作者一生的转折点来了，我们开始走向抖音短视频商业化之路。此时，不仅收入有了大幅度的增长，而且一条视频的收入居然是以前一个月收入的总和，同时还可以更自由地做自己喜欢的事，通过短视频分享自己喜欢的事物给更多的抖音朋友们。

做美食探店也很不错。虽然这个账号粉丝只有20万，相对100万粉丝的汽车账号来说，一条星图的商单价格低很多，但是我们都需要一日三餐，偶尔也需要出去旅游，尝试星级酒店的优质服务，自然拍摄短视频的项目就比较多。每天都能拍一些美食探店、酒店探店、景区探店，既节省了花费，又不用经常因为去哪里吃、去哪里玩而烦恼，还可以赚到星图的广告费，真是一举多得啊。餐饮、酒店、景区探店的商家也正是因为拍摄短视频的性价比高，所以不需要花费太多的宣传预算，就可以一直在抖音平台上做宣传。这样下来，20万粉丝的账号一年接的商单数量要比100万粉丝的账号多出很多。探店账号走性价比和多接单的路线，大小通吃，大号一条视频五位数收入，小号一条视频四位数收入，一个月下来，两个号的收入也差不多，但两个号同时进行，路便越走越宽。

抖音的盈利方法有很多，盈利方式也有很多，因为时间有限，所以我们以做星图为主。偶尔有时间也会尝试其他的盈利方式。现在要保证每个月发布的短视频的质量，还要接一些星图的商业单，平时跟朋友互动一下短视频，剩下学习的时间也不会很多，时间也是零零散散的。

星图的任务，我们通常接的是短视频任务、直播任务，指派任务通常是抖音指定需要我们完成的任务，如图17-19所示。点击"广州车展**亮相"的任务，可以看到任务要求，如图17-20所示。

图 17-19

图 17-20

17.7 依靠团队的力量

厚积薄发，成功从来都不是一朝一夕的。从做抖音账号开始，我就知道靠自己一个人的力量是做不起来，也做不长远。因此，一开始我就找了两个读书时期的玩伴一起来做这件事。因为从第一个月开始就有盈利了，所以我们成立了自己的公司，以拍档相称，拍档A擅长拍摄、剪辑和后期处理；拍档B形象靓丽，可以吸引她那个领域的粉丝，并且脑洞大，永远有很多稀奇古怪的想法，为我们的短视频创造了很多新鲜感，而我就是C，就是那个把三个人联系在一起合作的人，当然我们也有摄影师、后期处理师和文案人员，大家分工合作，做好自己擅长的工作，使得制作短视频的效率更高，制作出来的短视频更加吸引观众。

做得好的抖音账号，绝对不是一个人努力的结果，背后肯定借助了团队的力量。我们在团队合作中累积了丰富的经验，很快上手重新做了一个探店小号。新的小号由于有了百万大号的运营经验，在很短的时间里，就迅速累积到20万粉丝，直接跳过坑坑洼洼的试错阶段，进入营业阶段。现在大家看到我的20万粉丝账号，就是我自己拍摄、剪辑和后期处理的，其中运营过程基本没有遇到大的困难。

比如，拍摄的方法和技巧，大家也可以借鉴一下我们的经验。

首先，主播先背好台词，然后自己试几次，把台词背得脱口而出。

然后，就可以找上拍摄短视频的队友过来拍摄短视频了。

接着，拍摄完成后，拍摄短视频的队友可以将短视频的原片通过网络传送给后期处理短视频的小伙伴。现在很多专业相机都有Wi-Fi功能，传送短视频很方便。

最后，后期短视频处理完成，主播检查一下短视频有没有问题，没有问题的话，就可以将短视频发布到自己的抖音账号里面，供粉丝观看了。

如图17-21所示，三个人组成一个小团队，就可以顺利完成短视频项目，这就是最简单的短视频账号运营团队。

图17-21

第18章 【案例】广州车展某品牌短视频任务

18.1 设置星图，提供短视频服务

开通星图功能后，在抖音首页，依次点击"我"→ ≡ →"抖音创作者中心"→"抖音服务管理"→ ⚙ →"盈利管理"→"星图服务管理"，可以看到所在地域、擅长风格、个人介绍等信息。例如，所在地域设置为广东省广州市，擅长风格设置为汽车测评、美女，个人介绍设置为短视频、商业活动、直播欢乐。

在"抖音服务管理"→"短视频服务"→"任务管理"界面，可以设置指派任务的一口价。例如，1～20s 视频设置为 15000 元，21～60s 视频设置为 23000 元，60s 以上视频设置为 29500 元。

指派任务还可以设置按自然播放量结算、千次自然播放单价等信息，如图 18-1 所示。点击"修改报价"按钮，显示"达人无权限操作，请联系 MCN 进行改价操作"，如图 18-2 所示。

图 18-1　　　　　图 18-2

18.2 接收星图商单

星图的设置完成后，就可以等待客户派单了。仔细看，你会发现设置的 60s 以上视频为 29500 元和任务金额 29500 元是一致的，也就是指派任务需要拍摄 60s 以上的短视频。

星图任务的状态有全部、待接受、进行中、已完成、已取消。商单任务刚进来，任务的状态为"去接收"，用户可以点击"去接收"按钮接收任务，如图 18-3 所示。点击"广州车展**亮相"标题，则可以看到"任务要求"页面，如图 18-4 所示。

图 18-3

图 18-4

购买星图广告的人，可能是汽车的商家，也可能是一些 MCN 机构。MCN 机构会花钱创造一些热门话题，这样会有更多的大网红加入 MCN 机构。

18.3 判断自己是否能够完成任务

星图创作者可以进入商单里面，查看任务的详细信息，内容包括任务说明、产品介绍。其中任务说明有期望发布时间、期望保留时长、详细需求。产品介绍显示产品名称、品牌名称等信息，如图 18-5 所示。

星图创作者需要判断自己有没有能力做好这个短视频，能否按照要求完成作品。感觉自己有能力完成，可以与抖音星图广告商家沟通，确保没有误解任务的内容，有把握能够拍好这个商单，那么就可以点击"接收"按钮。

点击"接收"按钮以后，会弹出"您是否要接收此任务？"对话框，需要再次点击"确定并接收"按钮，那么这个商单就会在"进行中"栏目中显示，如图18-6所示。

图 18-5

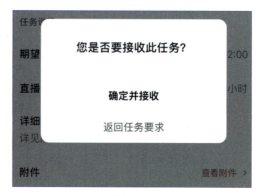

图 18-6

18.4 文案的设计方法与实例

1. 什么是文案

文案是通过文字的方式来表达某种信息或者思想，通常用于广告、宣传、销售、公关、内容营销等领域。

文案的目的是引起读者的兴趣，激发他们的购买欲望或行动。商家与达人合作通常会出现两种合作方式。第一种合作方式是，商家撰写好文案给达人，达人需要背下文案，并且有感情地背出文案内容，拍摄出的短视频可以激发用户购买商品。第二种合作方式是，达人自己撰写文案，自由发挥，目的也是拍摄出的短视频可以激发用户购买商品。

文案涵盖的元素包括标题、正文、口号、图片、视频等。优质的文案不仅能够吸引读者的眼球，更能传达出商品或者服务的核心价值和特点，让用户产生共鸣，激发用户购买商品的欲望。

文案的类型有很多，包括纯文字式广告文案、图片加文字的组合式广告文案等。21世纪，随着科技的发展，短视频、图文并茂的文案成为热门文案类型。

文案可以理解为一种重要的营销工具，能够帮助企业建立品牌形象，突出商品的特点，提高销售额。

现在主流文案是短视频文案，撰写一篇优秀的文案需要充分考虑目标受众、商品的特色、优质服务的特点，以及语言简洁明了、结构清晰等因素。

2. 文案的设计方法

文案的设计是一个涉及多个方面的复杂过程，需要综合考虑目标受众、品牌、商品及其特点等。通过精心设计和持续优化，可以设计出引人入胜、有说服力、突显特点特色的文案，最终结果是实现预期的销售量。

1）明确目标受众

了解目标受众是谁，用户的兴趣、需求、痛点是什么。例如，商品是皮卡汽车，皮卡汽车是一种轻型载货汽车，其特点是既有轿车般的舒适性，又有强劲的动力，而且比轿车的载货能力和适应不平整路面的能力更强。皮卡拥有4×4的四驱越野性能，可以在农村不平整的路面驾驶，也可以在城市平整的路面驾驶，满足用户的兴趣、需求，使得用户有购买的欲望。

2）商品或服务

深入了解商品或服务的功能、优势和独特之处。例如，商品是皮卡汽车，皮卡油耗大，突出油电混合，可以节省汽油。4×4的四驱越野的性能优势是可以爬坡，也可以在平路穿行。

确定与竞争对手相比的差异化点。例如，皮卡的竞争对手是SUV和MPV。文案的开场白就可以是今天不看SUV，也不看MPV，我们来看皮卡，听说这是最不像皮卡的皮卡。

3）设定目标

根据目标受众和文案目标选择合适的传播渠道，例如抖音短视频。现在很多商家看中抖音短视频可以图片并茂，短视频简单易懂，而且能够带来销售量。很多商家都会选择抖音短视频作为传播渠道。商家撰写文案后，会找到达人拍摄短视频，让大家了解商家的商品，从而购买商品。

4）创作文案内容

（1）编写吸引人的标题和开场白。例如，达人一边拍摄商品的店面，一边说着今天拍摄商品的内容。

（2）使用易懂易学、简洁明了、有说服力的语言。例如，给出一些实例数据。

（3）达人脸部微笑的表情，让用户感觉到达人很开心。例如，达人说出来的文案，不能像背诵一样，需要有感情色彩。

（4）运用幽默手法吸引读者观看短视频。

（5）合理安排文案结构，确保逻辑清晰、易于阅读。例如，摄像师一边拍摄汽车外观，达人一边讲解汽车的外观特点。需要注意的是，新手的短视频经常出现的问题是，摄像师拍着汽车外观，达人在讲解内饰；或者是摄像师拍着汽车内饰，达人在讲解外观。

5）持续更新优化

随着市场环境、受众需求和品牌策略的变化，定期更新和优化文案。例如，达人今天背诵了的文案，明天商家需要小改文案，那么达人也需要更新背诵的文案，直到短视频拍摄完成。

6）遵循最佳实践

了解并遵循文案设计的最佳实践，保持一致性，注重可读性，避免过度承诺等。例如，承诺终身免费的汽车保修保养服务，这样的条文就是过度承诺。

3. 文案编写示例

编写文案需要创作者研究商单的要求，并在完成文案后与商家核对一下，确保符合任务的要求。下面给出一个完整的文案示例供大家参考。

(1) **拍摄场景**：在广州车展的某个展馆拍整个汽车展馆。

颖芝："今天不看 SUV"

颖芝："也不看 MPV"

颖芝："我们来看皮卡"

珊珊："听说这是最不像皮卡的皮卡"

(2) **拍摄场景**：镜头对着二位主播。

颖芝："那么到底是惊喜还是噱头呢"

颖芝："一起去看看吧"

(3) **拍摄场景**：二位主播站在车头的位置。

颖芝："这就是称为全球首款超级增程的皮卡——**品牌汽车"

颖芝："看到它的第一眼啊"

颖芝："就明显看出"

颖芝："在它的外形上做了很大的改动哦"

珊珊："橙色的配色"

珊珊："搭配某某品牌的锐眼大灯"

珊珊："更显威严感"

(4) 拍摄场景：拍车头的中网和前脸。

珊珊："独特的鲨鱼鼻型面设计"

珊珊："动势前脸和无界数字化"

珊珊："点阵格栅的搭配设计"

珊珊："多了几分野性活力"

珊珊："与传统的皮卡"

珊珊："是完全不同的设计美学"

(5) 拍摄场景：打开驾驶座，颖芝站在驾驶座下面。

颖芝："通常劝退皮卡的几大理由"

颖芝："燃油消耗高"

颖芝："舒适性差"

颖芝："还有维护成本高"

颖芝："颠不颠覆啊，还得看它解决问题的能力呢"

(6) 拍摄场景：拍车头，由近往远，再拍至车尾。

珊珊："而某某品牌的硬核之处在于"

珊珊："用 2.0T 某某增程器"

珊珊："完美地解决了这几个问题"

(7) 拍摄场景：在车的右侧拍汽车和珊珊。

珊珊："它搭载 2.0T 某某发动机"

珊珊："双电机驱动"

(8) 拍摄场景：拍皮卡外观，再往内饰开始拍。

珊珊："从此皮卡变身混动的属性"

珊珊："2.0T 某某增程器的作用"

珊珊："让汽车电池电量始终保持在健康的水平"

珊珊："确保急加速时"

珊珊："也能及时输出功率"

珊珊："保证动力不衰减"

珊珊："峰值扭矩470N·m"

(9) 拍摄场景：珊珊站在车的旁边。

  珊珊："7秒9破百"

(10) 拍摄场景：颖芝坐在驾驶座。

  颖芝："而增程器的发电频率"
  颖芝："是可以随时改变的特性"
  颖芝："这样就可以自动检测电机的用电需求"

(11) 拍摄场景：拍车内变速箱。

  颖芝："用来随时改变增程器的转速"

(12) 拍摄场景：拍轮胎。

  颖芝："达到更丝滑"
  颖芝："更稳定的驾驶质感"

(13) 拍摄场景：颖芝坐在驾驶座。

  颖芝："乘坐也更舒适"

(14) 拍摄场景：颖芝站在车头前。

  颖芝："智能电四驱架构"
  颖芝："两驱四驱可以自如切换"
  颖芝："变速智能"
  颖芝："对女司机也格外友好哦"

(15) 拍摄场景：珊珊坐在副驾驶座，慢慢转场景拍油箱。

  珊珊："况且增程动力系统"
  珊珊："相较柴油系统更简单"
  珊珊："不用加尿素"
  珊珊："不用自清洁"
  珊珊："维修保养都更简单"
  珊珊："同时它兼具了纯电与混动两种驾驶模式"
  珊珊："纯电续航达到180公里"
  珊珊："满足了日常90%以上的出行需求"

(16) **拍摄场景**：拍车头，由上往下拍。

  珊珊："每公里只需要7分钱"

  珊珊："相比柴油皮卡的吃油大户"

(17) **拍摄场景**：拍车尾部，突出4×4（汽车四驱越野车）。

  珊珊："电驱节省的可不是一星半点"

(18) **拍摄场景**：珊珊站在车右侧，拍人和车。

  珊珊："加上快充功能"

  珊珊："高效储能"

  珊珊："充电省心"

  珊珊："真正做到节能减耗"

(19) **拍摄场景**：颖芝坐在皮卡的车尾。

  颖芝："自带放电功能"

  颖芝："对户外爱好者来说绝对是宝藏"

  颖芝："车上配置3.3千瓦大功率放电面板"

  颖芝："最高227度储备电量"

  颖芝："户外露营、烧烤、冲凉、电动越野"

  颖芝："一样都不能少"

  颖芝："无论是颜值还是技术"

(20) **拍摄场景**：颖芝和珊珊站在车头前。

  颖芝："某某汽车啊"

  颖芝："在皮卡界就像大佬一样的存在呢"

  珊珊："喜欢皮卡的车友不要错过"

  珊珊："赶紧来广州车展打卡一下"

  珊珊："某某汽车带来的颠覆性"

结束！

18.5 获取拍摄设备，背记文案

1. 获取拍摄设备

签了 MCN 机构的创作者，可以找 MCN 机构要小伙伴，组建这个商单项目的小团队。通常可以要一个摄像师和一个打光师。摄像师持有专业的摄像设备和手持稳定器，灯光师可能需要手持闪光灯、补光灯、录音设备等。

很多摄像师使用 Sony 微单相机 a7 系列，例如 a7 R5、a7 R4、a7 M4 等，镜头用的是 FE 24-70 mm F2.8 G II，如图 18-7 和图 18-8 所示。也有使用佳能微单相机 R5 和镜头 RF 24-70mm F2.8 L IS USM 的，如图 18-9 和图 18-10 所示。

图 18-7

图 18-8

图 18-9

图 18-10

微单相机比单反相机更加轻便，受到了很多短视频拍摄爱好者的喜欢。摄像师拿着专业的拍摄设备，主播进行专业的说车表演，如图 18-11 所示。

图 18-11

2. 确认文案

文案撰写完成后，需要让商家确认一下大方向和细节。为了节省双方的时间，确保大家的合作在大方向上没有问题，创作者可以将文案发给商家查看。如果发现文案不合适或者缺少内容，可以请商家添加。

3. 背文案

背文案是指将一些特定的文本或场景内容牢记在脑海中，以便在拍摄短视频时能够准确无误地表演出来。我以前背文言文的时候，别人需要背一小时，我只需要半小时就背会了，记忆力还是可以的，下面我将自己背文案的方法分享给大家。

(1) 选方式：有的人背书喜欢静静地坐在座位上背，有的人喜欢拿着几张纸走来走去地背，有的人喜欢边抄边背。选择自己喜欢的背书方式，可以提高背诵文案的效率。

(2) 分场景记忆：例如，站在车头前，说什么话，介绍什么内容。坐在驾驶员位置，说什么话，介绍什么内容。坐在车尾部，说什么话，介绍什么内容。场景清晰，需要说的文案内容很容易背下来。

(3) 分段记忆：将整篇文案分成多段，逐段记忆，可以提高记忆的效果。

(4) 重复记忆：多读几次，重复读，重复背，很快脑海里面就有深刻的印象了。

(5) 模拟实践记忆：背完后，可以自己模拟表演一下。家里可以用一个玩具车代替，在玩具车前说什么话，介绍什么内容，都尝试不看稿件说出来。

背文案需要耐心和坚持，不要紧张，一紧张可能就会忘记稿件的某些内容，放松一些就可以了。

18.6 现场拍摄，沟通商家

我们是一个守时的小团队，大V颖芝、大V珊珊、摄像师、灯光师一共4个人，每次接到商单，都会按照约定的时间和地点到达现场。

首先，找到商家与其沟通一下。初次见面，精神饱满，衣着整洁，最好与短视频宣传的产品相搭配。见面时，与商家打个招呼，并沟通一下商家的要求是否改变，毕竟现在是互联网时代，计划可能赶不上变化。大家都跟着时代在快速变化。最后没什么问题就可以开始拍摄了。

拍摄的过程不会一镜到底。每一个场景，每一个片段，需要逐段拍摄。一段2分26秒的短视频，可能需要拍摄一整天。因为车展人流比较多，各种情况都有可能发生，比如在拍摄过程中可能被路人走过挡住镜头，所以一段短视频可能会不断重新拍。总之，尽量做到拍摄出优质的短视频给商家和观众。

在拍摄完成后，与商家进行二次沟通是一个非常重要的环节，确保拍摄出来的视频是商家想要的，并顺利完成本次项目。

以下是与商家沟通的一些技巧。

(1) **及时沟通**：在拍摄完成后，尽快与商家联系，告知他们已经完成拍摄。现在由于摄像设备都比较先进，摄像机可以实时观看短视频，可以让商家观看一下未成品的短视频。及时沟通可以避免不必要的等待和误解，让双方都满意。

(2) **商家的意见**：商家是合作方，也是付款方。他们可能会有自己的要求和专业意见。尊重商家的意见，认真听取他们的建议，有助于建立良好的长期合作关系，并确保最终的短视频成果符合双方期望。

(3) **接受意见**：有些短视频的某一小段可能需要重新拍。例如，太多人走来走去，挡着汽车，无法很好地展示汽车的优点。

(4) **提供必要的素材**：在与商家沟通的过程中，有一些商家需要使用一些额外的素材或信息。例如，短视频的片头和片尾，片头商家会用品牌的启动页面，片尾通常是一些感谢的名单。这些内容都需要商家提供，并由剪辑师在剪辑短视频时加上。

(5) **保持友好的态度**：在与商家沟通时，保持友好和专业的态度非常重要。友好的态度可以建立良好的合作关系，专业的态度可以展示自己的专业能力，沟通起来更加顺利。

18.7 剪映剪辑短视频：整合、美化和字幕

商家确认过视频内容之后，接下来就要将拍摄好的几十甚至几百段短视频素材整合成一段完美的短视频，美化短视频每一帧的内容和特效，并且需要给短视频添加相应的字幕。主播无须自己运用剪映软件剪辑短视频，将拍摄好的视频交给专业的剪辑师后期处理，主播只需要等待剪辑师剪辑的结果。

剪辑师将文案和短视频的内容结合起来，每一帧都需要和文案一致。下面是一个短视频剪辑的例子。

(1) **拍摄场景**：在广州车展拍摄某汽车展馆。

颖芝："今天不看SUV"，如图18-12所示。

颖芝："也不看MPV"，如图18-13所示。

颖芝:"我们来看皮卡",如图 18-14 所示。

珊珊:"听说这是最不像皮卡的皮卡",如图 18-15 所示。

图 18-12

图 18-13

图 18-14

图 18-15

(2) 拍摄场景：镜头对着二位主播。

颖芝："那么到底是惊喜还是噱头呢"，如图 18-16 所示。

颖芝："一起去看看吧"，如图 18-17 所示。

图 18-16

图 18-17

(3) 拍摄场景：二位主播站在车头的位置。

颖芝："这就是称为全球首款超级增程的皮卡——**品牌汽车"，如图 18-18～图 18-20 所示。

颖芝："看到它的第一眼啊"，如图 18-21 所示。

颖芝："就明显看出"，如图 18-22 所示。

颖芝："在它的外形上做了很大的改动哦"，如图 18-23 和图 18-24 所示。

珊珊："橙色的配色"，如图 18-25 所示。

珊珊："搭配某某品牌的锐眼大灯"，如图 18-26 所示。

珊珊："更显威严感"，如图 18-27 所示。

第 18 章 【案例】广州车展某品牌短视频任务

图 18-18

图 18-19

图 18-20

图 18-21

图 18-22

图 18-23

图 18-24

图 18-25

图 18-26

图 18-27

(4) 拍摄场景：拍车头的中网和前脸。

  珊珊："独特的鲨鱼鼻型面设计"，如图 18-28 所示。

  珊珊："动势前脸和无界数字化"，如图 18-29 和图 18-30 所示。

  珊珊："点阵格栅的搭配设计"，如图 18-31 所示。

  珊珊："多了几分野性活力"，如图 18-32 所示。

  珊珊："与传统的皮卡"，如图 18-33 所示。

  珊珊："是完全不同的设计美学"，如图 18-34 和图 18-35 所示。

图 18-28

图 18-29

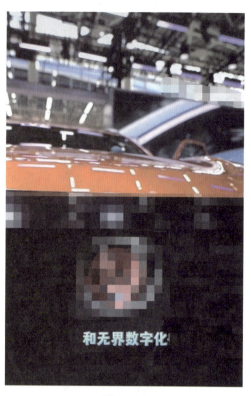

图 18-30

图 18-31

图 18-32

图 18-33

图 18-34

(5) **拍摄场景**：打开驾驶座，颖芝站在驾驶座下面。

> 颖芝："通常劝退皮卡的几大理由"，如图 18-36 所示。
>
> 颖芝："燃油消耗高"，如图 18-37 所示。
>
> 颖芝："舒适性差"，如图 18-38 所示。
>
> 颖芝："还有维护成本高"，如图 18-39 所示。
>
> 颖芝："颠不颠覆啊，还得看它解决问题的能力呢"，如图 18-40 和图 18-41 所示。

图 18-35

图 18-36

图 18-37

图 18-38

图 18-39

图 18-40

图 18-41

(6) **拍摄场景**：拍车头，由近往远，再拍至车尾。

珊珊："而某某品牌的硬核之处在于"，如图 18-42 所示。

珊珊："用 2.0T 某某增程器"，如图 18-43 所示。

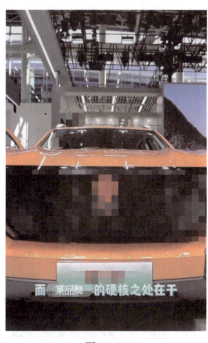

图 18-42

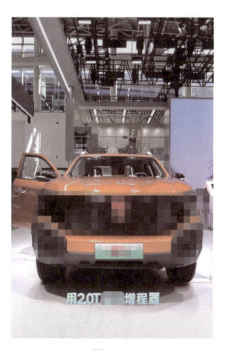

图 18-43

珊珊:"完美地解决了这几个问题",从左往右拍摄汽车尾部,如图18-44和图18-45所示。

图18-44

图18-45

(7) **拍摄场景**:在车的右侧拍汽车和珊珊。

珊珊:"它搭载2.0T某某发动机",如图18-46所示。

珊珊:"双电机驱动",如图18-47所示。

图18-46

图18-47

(8) 拍摄场景：拍皮卡外观，再往内饰开始拍。

  珊珊："从此皮卡变身混动的属性"，如图 18-48 所示。

  珊珊："2.0T 某某增程器的作用"，如图 18-49 所示。

  珊珊："让汽车电池电量始终保持在健康的水平"，如图 18-50 和图 18-51 所示。

  珊珊："确保急加速时"，如图 18-52 所示。

图 18-48

图 18-49

图 18-50

图 18-51

珊珊:"也能及时输出功率",如图18-53所示。

珊珊:"保证动力不衰减",如图18-54所示。

珊珊:"峰值扭矩470N·m",如图18-55所示。

图 18-52

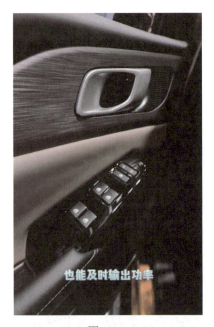

图 18-53

图 18-54

图 18-55

(9) 拍摄场景：珊珊站在车的旁边。

珊珊:"7秒9破百",如图18-56所示。

(10) 拍摄场景：颖芝坐在驾驶座。

  颖芝："而增程器的发电频率"，如图 18-57 所示。

  颖芝："是可以随时改变的特性"，如图 18-58 所示。

  颖芝："这样就可以自动检测电机的用电需求"，如图 18-59 所示。

图 18-56

图 18-57

图 18-58

图 18-59

(11) 拍摄场景：拍车内变速箱。

  颖芝："来随时改变增程器的转速"，如图 18-60 所示。

(12) 拍摄场景：拍轮胎。

颖芝："达到驾驶更丝滑"，如图 18-61 所示。

颖芝："更稳定的驾驶质感"，如图 18-62 所示。

(13) 拍摄场景：颖芝坐在驾驶座。

颖芝："乘坐也更舒适"，如图 18-63 所示。

图 18-60

图 18-61

图 18-62

图 18-63

(14) 拍摄场景：颖芝站在车头前。

  颖芝："智能电四驱架构"，如图 18-64 所示。

  颖芝："两四驱可以自如切换"，如图 18-65 所示。

  颖芝："变速智能"，如图 18-66 所示。

  颖芝："对女司机也格外友好哦"，如图 18-67 所示。

图 18-64

图 18-65

图 18-66

图 18-67

(15) 拍摄场景：珊珊坐在副驾驶座，慢慢转场景拍油箱。

珊珊："况且增程动力系统"，如图 18-68 和图 18-69 所示。

珊珊："相较柴油系统更简单"，如图 18-70 所示。

珊珊："不用加尿素"，如图 18-71 所示。

珊珊："不用自清洁"，如图 18-72 所示。

珊珊："维修保养都更简单"，如图 18-73 所示。

珊珊："同时它兼具了纯电与混动两种驾驶模式"，如图 18-74 和图 18-75 所示。

珊珊："纯电续航达到 180 公里"，如图 18-76 所示。

珊珊："满足了日常 90% 以上的出行需求"，如图 18-77 所示。

图 18-68

图 18-69

图 18-70

图 18-71

图 18-72

图 18-73

图 18-74

图 18-75

图 18-76

图 18-77

(16) 拍摄场景：拍车头，由上往下拍。

  珊珊："每公里只需要7分钱"，如图18-78所示。

  珊珊："相比柴油皮卡的吃油大户"，如图18-79所示。

(17) 拍摄场景：拍车尾部，突出4×4（四驱越野车）。

  珊珊："电驱节省的可不是一星半点"，从上往下拍摄，如图18-80和图18-81所示。

图 18-78

图 18-79

图 18-80

图 18-81

(18) **拍摄场景**：珊珊站在车右侧，拍人和车。

  珊珊："加上快充功能"，如图 18-82 所示。

  珊珊："高效储能"，如图 18-83 所示。

  珊珊："充电省心"，如图 18-84 所示。

  珊珊："真正做到节能减耗"，如图 18-85 所示。

图 18-82

图 18-83

图 18-84

图 18-85

(19) 拍摄场景：颖芝坐在皮卡的车尾。

颖芝："自带放电功能"，如图 18-86 所示。

颖芝："对户外爱好者来说绝对是宝藏"，如图 18-87 所示。

颖芝："车上配置 3.3 千瓦大功率放电面板"，如图 18-88 所示。

颖芝："最高 227 度储备电量"，如图 18-89 所示。

图 18-86

图 18-87

图 18-88

图 18-89

颖芝:"户外露营、烧烤、冲凉、电动越野",如图 18-90 所示。

颖芝:"一样都不能少",如图 18-91 所示。

颖芝:"无论是颜值还是技术",如图 18-92 和图 18-93 所示。

图 18-90

图 18-91

图 18-92

图 18-93

(20) 拍摄场景：颖芝和珊珊站在车头前。

颖芝："某某品牌啊"，如图 18-94 所示。

颖芝："在皮卡界就像大佬一样的存在呢"，如图 18-95 所示。

图 18-94　　　　　　　　　　　图 18-95

珊珊："喜欢皮卡的车友不要错过",如图 18-96 所示。
珊珊："赶紧来广州车展打卡一下",如图 18-97 所示。
珊珊："某某品牌带来的颠覆性",如图 18-98 和图 18-99 所示。
结束!

图 18-96　　　　　　　　　　　图 18-97

图 18-98

图 18-99

18.8 保存并导出短视频

剪辑师已经对每一帧、每一秒的短视频内容做完后期处理，整个短视频时长 2 分 26 秒，如图 18-100 所示。

虽然短视频已经制作完成，但是千万不要放松。我们的剪辑师有一个深刻的教训，有一次做商单项目，全部短视频都剪辑好了，去倒一杯水喝，结果手机死机了。已经处理好的短视频内容全部没了，结果白忙了一天，剪辑师非常郁闷。因此，剪完短视频，还是乖乖地先将短视频导出，确认工作成果再休息吧。

短视频处理完成后，现在剪辑师就可以将完整的短视频导出来了，导出时可以设置分辨率、帧率、码率、智能 HDR。其中分辨率有 480P、720P、1080P、2K/4K，帧率有 24、25、30、50、60，码率有较低、推荐、较高。

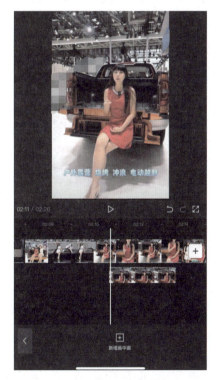
图 18-100

通常发布短视频使用 1080P 就可以了,这样用户观看短视频也不会卡,比较流畅。2K/4K 的短视频,商家可以用来在店面播放,因为视频保存在本地机器,观看短视频不会卡,而且画面特别高清。以 1080P 为例,可以设置分辨率为 1080P,帧率为 30,码率为"推荐",开启智能 HDR,显示预计文件大小约为 218.6MB,如图 18-101 所示。

以 2K/4K 为例,可以设置分辨率为 2K/4K,帧率为 60,码率为"较高",开启智能 HDR,显示预计文件大小约为 892.5MB,如图 18-102 所示。

图 18-101　　　　　　　　　　　图 18-102

设置完成后,点击"导出"按钮,就会自动导出短视频,如图 18-103 所示。短视频成功导出后,显示"已保存到相册和草稿",如图 18-104 所示。

图 18-103　　　　　　　　　　　图 18-104

现在我们打开相册,可以看到一个 2 分 26 秒的短视频,说明剪辑短视频正式完成了,通过剪映软件可以查看详细的内容,如图 18-105 和图 18-106 所示。

图 18-105

图 18-106

18.9 发布抖音短视频

在抖音星图上，创作者与广告商沟通，并将制作好的短视频发送给广告商。广告商看过短视频，如果没有什么问题，那么大V就可以在星图上上传这条短视频给抖音审核，抖音审核通过后，商家就可以发布这条短视频了。

在抖音发布成功后，这一条说车短视频就显示出来了。如图 18-107 所示，右下角显示了"某某品牌带来的颠覆性"的短视频。到这里，这个星图任务就顺利完成了。

图 18-107

18.10 完成任务，拍照推广

做完短视频的拍摄任务，主播不要着急走，可以与产品一起拍一些漂亮的照片。这样做有几个好处，一是可以用于视频的封面，二是可以用在其他平台作为日常分享，三是可以当作工作资料，用于完善自己的工作经历和成功案例，如图18-108和图18-109所示。

图18-108

图18-109

短视频任务结束后，可以帮助商家推广一下短视频，毕竟主播很多时候需要分享一些事物以吸引粉丝的关注，所以还是需要留下来，跟推广的产品拍一些漂亮的照片，方便自己发到更多的平台宣传。

在朋友圈发布了广州车展某品牌的相关图片，如图18-110所示。在微博同步发布了广州车展的相关图片，如图18-111所示。

图18-110

图18-111

18.11 整理项目计划与进度

广州车展某品牌广告完成后,对于自己的项目管理文档,在蓝色圆圈中打个勾,表示已经完成,我们使用的是 Microsoft PowerPoint 工具,偶尔也会在笔记本上写总结,如图18-112 所示。

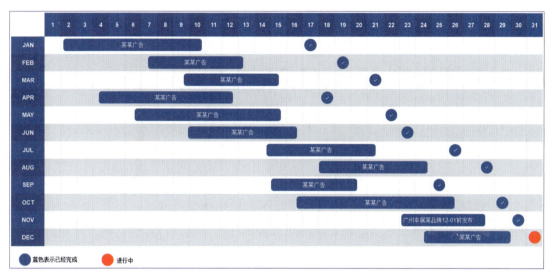

图 18-112

有时候抖音星图任务比较多,加上各个账号都需要发布内容,除了汽车外,还有美食、酒店、景区探店等。很多达人日程安排得很满,一天赶五六场也是常有的事,很难记得清,需要借助笔记来避免自己忘记。自从做了抖音创作者,我就开始使用简单的项目管理笔记,记录每个月、每一天甚至每个小时需要拍什么广告,去哪里,要做什么,这样就可以很好地管理自己的时间,而且接单的时候也可以避免项目冲突。

除此之外,项目管理表还可以帮助抖音星图的用户提高效率,降低项目失败的风险,有效管理时间,促进团队的协作能力,优化成本,增强应变能力等。

第 19 章 【案例】广州车展某品牌汽车直播任务

19.1 查看商单，了解任务

这个广州车展某品牌的直播任务并不是短视频任务，所以流程略微有些不同。

星图任务的状态有全部、待接受、进行中、已完成、已取消。商单任务已经接单了，星图任务会显示"进行中"，用户可以点击"去查看"按钮，查看任务的详细内容，任务标题中显示直播两个字，说明这是一个直播任务，如图 19-1 所示。

商家的直播任务也是有要求的。我们可以看到任务说明，内容包括期望开播的日期和直播时长，详细需求可以打开附件查看，如图 19-2 所示。

图 19-1

图 19-2

19.2 预约时间，确认任务

星图用户可以先查看自己安排的任务是否与这个任务冲突，再考虑自己能否做直播，在时间、能力、技术等方面有没有问题。如果确定能做，主播可以与下任务的商家进行沟通。沟通内容包括：

(1) 开播时间：主播与商家确认开播时间是 11 月 22 日 11:00～12:00。双方都没有问题，不需要变更时间。

(2) 直播内容：很多人认为直播就是自己想说什么就说什么，这是主播自己的娱乐直播，可以跟粉丝互动聊天，甚至可以唱歌给粉丝听。但这种商业直播跟娱乐直播完全不一样，商家会给我们发直播要求和内容要点，我们需要编写直播脚本，按一个小时安排直播内容，哪个时间段做什么、说什么、介绍哪台车，都要在脚本中体现出来，写好后发给商家，再根据商家的意见进行修改，直到双方都确认没问题后，再把脚本上传到星图审核确认，最后按约定的时间提早 1～2 小时到达现场做直播准备。

简单来说，直播比短视频要求更高，短视频可以重拍，但直播不可以，直播从开播那一刻起，主播说的话、做的事都是有在线的观众看着的，就算说错一个字、一句话可能都会被录屏，所以直播前的准备一定不可以少，直播过程中不能冷场，这也很考验主播的临场发挥能力。很多达人可以拍短视频，但能做好直播的很少。而提前准备好可以帮助我们发挥得更好，压力也没那么大。

(3) 联系方式：主播需要了解到现场后的联系人是谁。

(4) 着装要求：有一些商家对主播的穿着有要求，例如穿什么颜色的衣服、鞋子等。如果商家没有什么要求，主播就按自己的喜好穿着就可以了。

19.3 向 MCN 机构要工作人员

主播已经接下了任务，也与商家确认了时间、地点和任务。接下来就要找 MCN 机构要一个摄影技术成熟的摄影师，还有一个灯光师。这两个人主播需要带去直播现场。

另外，还需要 MCN 机构提供一个平面设计师，帮助设计一张海报，用来告诉所有的粉丝朋友们，你将在广州车展参与什么合作活动，海报上包括时间、地点、人物和活动内容，如图 19-3 所示。

图 19-3

19.4 机会是留给有准备的人的

迟到是指在预定的时间之后到达现场或者活动开始后才到达现场。如果你参加工作,迟到了,那么你就会没有全勤奖,并且扣减对应的奖金。如果你上学读书迟到,那么你就要写检讨书。如果你接抖音星图广告单迟到,那么就可能会失去以后的合作机会,并且可能不会再有广告商付费找你做任何活动。所以抖音星图的达人都会提前一个小时到达活动现场,做好演出的准备工作。

本次活动约定的时间是 11:00。我们 09:00 就到达现场,比原定的时间提前两个小时左右。两个主播,1 个摄影师,1 个灯光师,共 4 个人。

到达广州车展现场后,领取提前报备好的记者证,入场,如图 19-4 所示。进入会场,我们找到商家的展位,展位看起来非常漂亮,如图 19-5 所示。

这次服务的展馆提供了很多咖啡、果汁、蛋糕、面包之类的小食品,如图 19-6 和图 19-7 所示。

商家非常热情,也给我们准备了很多小食品,如图 19-8 和图 19-9 所示。

第 19 章 ● 【案例】广州车展某品牌汽车直播任务

图 19-4　　　　　　　　　图 19-5　　　　　　　　　图 19-6

图 19-7　　　　　　　　　图 19-8　　　　　　　　　图 19-9

19.5　做好现场直播准备

休息片刻后，调试灯光、麦克风等设备。拍摄直播封面照，再次与客户沟通脚本，跟客户一起在展台走位，彩排，等于把直播走一次，直播是看着容易，但其实一点都不能马虎的工作。我做直播前，都会预留很多时间看脚本，彩排，争取 0 失误，直播时完全不会紧张。

11:00 准时开始直播。直播时，手机有时显示 4G 信号，有时显示 5G 信号，把主播吓坏了，很怕网络不稳定突然下播，最后直播的过程都很顺利。所以，主播朋友们在经济允许的情况下，建议每个网络运营商的卡都开一张。这样就可以在手机信号不稳定的场所，换用不同运营商的手机卡做测试，选用网络好的手机卡。

在直播过程中，因为提前预告过，所以很快就有一些粉丝来到直播间，还给我们赠送小心心，如图 19-10 和图 19-11 所示。

图 19-10

图 19-11

19.6 完成直播后，拍一些照片用来推广

做完直播后，主播不用着急走，可以跟推广的产品拍一些漂亮的照片。主播跟各种汽车车型合照，如图 19-12 和图 19-13 所示。

图 19-12

图 19-13

19.7 加拍短视频，放在自己的账号上推广

由于带了摄影师和灯光师过去，他们有时间也可以拍一些汽车素材，我们最后做了一个 40 秒左右的短视频出来，如图 19-14 所示。这个短视频可以发布在主播的抖音账号上。

图 19-14

短视频发布以后，有 1 万个粉丝给这个视频点赞，效果还是不错的，很多粉丝通过这个短视频认识了某某汽车品牌及其各个车型，如图 19-15 和图 19-16 所示。

图 19-15

图 19-16

19.8 项目总结，复盘学习

广州车展某某汽车直播的广告任务完成后，将自己的项目管理文档用蓝色圆圈打个勾，表示已经完成，如图 19-17 所示。

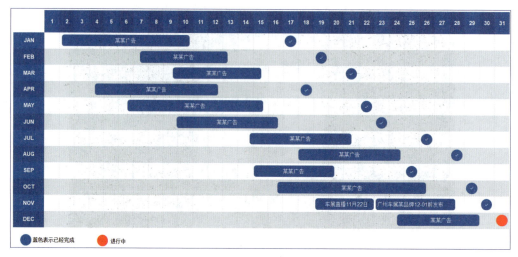

图 19-17

从项目管理表格上，可见 2023 年 11 月做了两个商家的任务，大概花了 1 个月的时间。现在自己经历过，终于明白了"台上一分钟，台下十年功"这句话的含义。一分钟的短视频，可能需要一个小团队一周以上的工作时间。在短视频平台上表演出镜的时间只有短短的一分钟，但为了这一分钟，团队需要付出几十倍的时间。例如，前期的准备，过程中突发事件的处理，后期的视频处理，成果的审核，都需要大量的时间，也需要我们付出很多努力。

直播任务的流程大致分享给大家了。让我们一起学习，一起进步，一起创造抖音美好生活的短视频内容吧。

第 20 章 【案例】某餐厅十周年粉丝活动

本章分享一下怎么拍摄粉丝活动的短视频。作者 2024 年第一个短视频，就是参加某餐厅的周年活动，餐厅举办了粉丝生日会，这个短视频大约有 1 分 10 秒。如果大家未来也想拍摄粉丝生日会短视频，那么本章介绍的流程、活动场景的布置、短视频拍摄方法等整个活动的精华内容，很值得大家借鉴。

20.1 确认活动信息，确定摄像师

首先，收到邀请，就可以获得活动的时间、地点、店名等活动信息。知道了某美食店活动的时间、地点、店名，接下来需要确定摄像师。因为参加活动，你不可能自己拍摄短视频，所以需要一个摄像师。

20.2 到达现场，开始拍摄

(1) **开场拍摄场景**：在佛山某美食店门面，先拍一些照片，告诉大家是什么活动。

颖芝与餐厅吉祥物拍了一些照片，如图 20-1 所示。

　　颖芝："从小吃到大的餐厅，十周年了"，如图 20-2 所示。
　　颖芝："为了感谢粉丝对餐厅的支持啊"，如图 20-3 所示。
　　颖芝："在 2024 年的开年"，如图 20-4 所示。

图 20-1

图 20-2

图 20-3

图 20-4

颖芝:"特意邀请了粉丝过来跟某美食店一同庆生",如图 20-5 所示。

颖芝:"今天我来参加",如图 20-6 所示。

颖芝:"开心时刻",如图 20-7 所示。

颖芝:"寻找生日搭子,粉丝生日会",如图 20-8 所示。

图 20-5

图 20-6

图 20-7

图 20-8

（2）继续过去跟吉祥物拍照，并了解它的名字（某美食店吉祥物悲伤蛙）。

颖芝："生日会现场好热闹呀"，如图 20-9 所示。

颖芝："可以和悲伤蛙人偶合影"，如图 20-10 所示。

图 20-9

图 20-10

20.3 第一次转场，拍摄签到处

拍摄场景：签到处，颖芝在餐厅周年活动签到，照片即拍即得。

颖芝："现场仪式感满满哦"，如图 20-11 所示。

颖芝："还可以在拍立得上签名"，如图 20-12 所示。

图 20-11

图 20-12

远拍颖芝，颖芝："在打卡墙上留念"，如图 20-13 所示。

近拍颖芝，颖芝："在打卡墙上留念"，如图 20-14 所示。

图 20-13

图 20-14

20.4 第二次转场，拍摄活动现场

拍摄场景：室内，拍摄某美食店十周年活动的现场和气氛。

颖芝："哇"，如图 20-15 所示。

颖芝："有没有看见，真的很有生日的氛围感呢"，如图 20-16 所示。

图 20-15

图 20-16

20.5 第三次转场,拍摄生日冰粉

拍摄场景:室内,拍摄十周年活动的冰粉 DIY 活动。

颖芝:"每次来呢,都可以实现冰粉自由",如图 20-17 所示。

颖芝:"这次就让我自己 DIY 一个生日冰粉",如图 20-18 所示。

图 20-17　　　　　　　　图 20-18

颖芝认真地制作某美食店的冰粉,如图 20-19 所示。

颖芝:"还可以把这份冰粉打包带回家",如图 20-20 所示。

图 20-19　　　　　　　　图 20-20

颖芝:"跟家人一起分享这个生日甜蜜呢",笑容表情切换自如,如图20-21和图20-22所示。

图 20-21

图 20-22

20.6 第四次转场,拍摄烤鱼美食

拍摄场景:室内,拍摄某美食店的主美食——烤鱼。

颖芝:"哇,这个烤鱼看起来真的好美味啊",如图20-23和图20-24所示。

图 20-23

图 20-24

拍一下帅气的小哥哥上菜。

颖芝:"生日会现场怎么能少得了吃烤鱼呢",如图20-25所示。

拍烤鱼特写。

颖芝:"有我最爱的鲜青椒蛙哈哈烤鱼",如图20-26所示。

图20-25　　　　　　　　　　　图20-26

20.7 第五次转场,拍摄小菜美食

拍摄场景:室内,主菜拍摄完成,拍摄小菜。

颖芝:"还有这个铁板烤包浆豆腐",如图20-27所示。

颖芝:"真是回味无穷呀",如图20-28所示。

图20-27　　　　　　　　　　　图20-28

20.8 第六次转场,拍摄娱乐活动

拍摄场景:室内,娱乐活动。

笑容很甜的小姐姐给颖芝递话筒,颖芝接过话筒,颖芝还想要她手里的悲伤蛙。

颖芝:"我们可以向某美食店说出生日祝福",如图 20-29 和图 20-30 所示。

图 20-29

图 20-30

抽卡牌活动。

颖芝:"还能抽悲伤蛙给我们的卡牌",如图 20-31 所示。

抽到卡牌,颖芝拿到卡牌,如图 20-32 所示。

图 20-31

图 20-32

20.9 第七次转场,拍摄吃蛋糕并拍合照

拍摄场景:室内,临近尾声了。我们吃某美食店十周年的蛋糕和拍合照。

颖芝:"当然少不了激动人心的吃蛋糕",如图 20-33 和图 20-34 所示。

图 20-33

图 20-34

20.10 第八次转场,结束活动

(1) **拍摄场景**:室内,活动结束了。来到室外,我们在店门面拍摄结束语和生日礼物。

颖芝:"某美食店十周年粉丝生日会",如图 20-35 所示。

颖芝:"真的太好玩了吧",如图 20-36 所示。

(2) **拍摄场景**:室外,展示生日大礼物。

颖芝:"还有生日大礼包",如图 20-37 所示。

颖芝:"真的是满载而归哦",如图 20-38 所示。

颖芝:"一起开启某美食店相伴的第 11 年吧",如图 20-39 和图 20-40 所示。

第 20 章 【案例】某餐厅十周年粉丝活动

图 20-35

图 20-36

图 20-37

图 20-38

图 20-39

图 20-40

整个粉丝活动的短视频拍摄和制作完成了。

第 21 章 抖音 AI 图片

什么是 AI 图片呢？AI 图片是指使用人工智能（AI）技术处理过的图像，AI 技术可以对图像进行分析和处理，使图像看起来更加艺术化和风格化，生成后的图片比较独特。由于 AI 处理过的图像可能会更加漂亮和具有创意，因此 AI 图片在设计、创意和艺术领域得到了广泛的应用。现在在抖音上可以看到各种风格的 AI 化图片，十分有创意，而且评论和点赞量很高。

将现实的图片 AI 化是非常热门的话题，通过本章的学习，带领读者学习如何在抖音上将自己的图片转换为 AI 图片。

21.1 AI 龙年风格

步骤 01 进入抖音，在搜索栏输入"舞龙中国红"，依次选择"综合"→"全部"选项，显示的页面如图 21-1 所示。

步骤 02 在"特效"栏目单击"使用"按钮后，手机相册弹出"最近项目"，如图 21-2 所示。

图 21-1

图 21-2

步骤 03 在"最近项目"中单击一幅图片,放大后如图 21-3 所示。

步骤 04 单击图片后,自动跳转到 AI 生成页面,这里显示"AI 生成中 22%",如图 21-4 所示。

图 21-3

图 21-4

步骤 05 AI 生成完成后,就可以看到 AI 舞龙中国红的效果图,如图 21-5 所示。

步骤 06 单击"下载"按钮 ⬇（右上角的第三个按钮）,显示"保存本地"功能,包括"保存效果图"和"保存为视频",如图 21-6 所示。

图 21-5

图 21-6

步骤 07　单击"保存效果图"按钮和"保存为视频"按钮后,均会显示"已保存",如图 21-7 所示。

步骤 08　打开相册后,可以看到保存的 AI 效果图和保存的 10 秒视频,如图 21-8 所示。

图 21-7

图 21-8

步骤 09　保存好图片和视频后,切换回抖音页面,发布视频。单击"下一步"按钮,如图 21-9 所示。

步骤 10　选择封面,添加关键词、话题并 @ 朋友,显示的页面如图 21-10 所示。

图 21-9

图 21-10

步骤 ⑪ 单击"发布"按钮后,可见 AI 龙年风格的 10 秒短视频,短视频效果如图 21-11～图 21-14 所示。首先,短视频 AI 选中原始照片的头像,如图 21-11 所示。然后,短视频将原始照片转换为 AI 头像,如图 21-12 所示。

图 21-11　　　　　　　　　　图 21-12

接着,AI 头像慢慢显示 2024 的文字特效,如图 21-13 所示。最后,AI 头像慢慢显示完整"龙年大吉 2024"的文字特效,如图 21-14 所示。

图 21-13　　　　　　　　　　图 21-14

21.2 AI 写实风格

步骤 01　进入抖音，在搜索栏输入"ai 写实风入口"，选择"综合"，显示的页面如图 21-15 所示。

步骤 02　在特效栏目，单击"使用"按钮后，手机相册弹出"最近项目"，如图 21-16 所示。

图 21-15　　　　　　　　　图 21-16

步骤 03　在"最近项目"中单击一幅图片，放大后如图 21-17 所示。

步骤 04　单击图片后，自动跳转到 AI 生成页面，这里显示"AI 生成中 26%"，如图 21-18 所示。

图 21-17　　　　　　　　　图 21-18

步骤 05　AI 生成完成后，就可以看到 AI 写实风的效果图，如图 21-19 所示。

步骤 06　单击"下载"按钮，显示"保存本地"功能，包括"保存效果图"和"保存为视频"，如图 21-20 所示。

图 21-19

图 21-20

步骤 07　单击"保存效果图"按钮和"保存为视频"按钮后，均会显示"已保存"，如图 21-21 所示。

步骤 08　打开相册后，可以看到保存的 AI 效果图和保存的 10 秒视频，如图 21-22 所示。

图 21-21

图 21-22

步骤 01　保存好图片和视频后，切换回抖音页面，发布视频。单击"下一步"按钮，如图 21-23 所示。

步骤 ⑩ 选择封面，添加关键词、话题并 @ 朋友，显示的页面如图 21-24 所示。

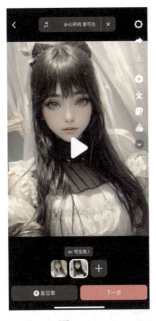

图 21-23

图 21-24

步骤 ⑪ 单击"发布"按钮后，可见 AI 写实风格的 10 秒短视频，短视频效果如图 21-25～图 21-28 所示。首先，短视频 AI 显示原始照片的头像，如图 21-25 所示。然后，短视频将原始照片转换为 AI 头像，左半部分已经转换为 AI 头像，右半部分为原始照片，如图 21-26 所示。

图 21-25

图 21-26

接着，左边的 AI 头像已经显示 60%，右边的 40% 为原始图像，如图 21-27 所示。

最后，AI 头像慢慢显示完整，写实风格转换完成，如图 21-28 所示。

图 21-27

图 21-28

21.3 沙漠风格欣赏

原始图片如图 21-29 所示。转换为沙漠风格的效果如图 21-30 所示。

图 21-29

图 21-30

原始图片如图 21-31 所示。转换为沙漠风格的效果如图 21-32 所示。

图 21-31

图 21-32

21.4 写实风格欣赏

原始图片如图 21-33 所示。转换为写实风格的效果如图 21-34 所示。

图 21-33

图 21-34

原始图片如图 21-35 所示。转换为写实风格的效果如图 21-36 所示。

图 21-35

图 21-36

原始图片如图 21-37 所示。转换为写实风格的效果如图 21-38 所示。

图 21-37

图 21-38

原始图片如图 21-39 所示。转换为写实风格的效果如图 21-40 所示。

图 21-39

图 21-40

21.5 港漫风格欣赏

原始图片如图 21-41 所示。转换为港漫风格的效果如图 21-42 所示。

图 21-41

图 21-42

原始图片如图 21-43 所示。转换为港漫风格的效果如图 21-44 所示。

图 21-43

图 21-44

原始图片如图 21-45 所示。转换为港漫风格的效果如图 21-46 所示。

图 21-45

图 21-46

原始图片如图 21-47 所示。转换为港漫风格的效果如图 21-48 所示。

图 21-47

图 21-48